Noi Siamo Bellezza Eterna

Una raccolta di messaggi senza tempo di Amma

Composta e tradotta da
Swami Amritaswarupananda Puri

Mata Amritanandamayi Center, San Ramon
California, Stati Uniti

Noi Siamo Bellezza Eterna
Una raccolta di messaggi senza tempo di Amma
Composta e tradotta da
Swami Amritaswarupananda Puri

Pubblicato da:
  Mata Amritanandamayi Center
  P.O. Box 613
  San Ramon, CA 94583-0613, Stati Uniti

———*The Eternal Beauty That We Are – Italian*———

In Italia:
www.amma-italia.it
info@amma-italia.it

In India:
www.amritapuri.org
inform@amritapuri.org

Indice

La vita di famiglia

Feste religiose e testi sacri

L'amore

La natura del guru

La nostra cultura

Pratiche spirituali e scienza vedica

I valori

Sanatana Dharma

Dalla forma al "senza forma"

Figli, tutti coloro che credono in Dio saranno d'accordo su questo: l'unica causa della creazione, del mantenimento e della distruzione dell'universo è Dio. Tuttavia, i credenti hanno diverse opinioni e domande sulla vera natura di Dio: qual è il vero nome e la vera forma di Dio? Quali sono i Suoi attributi?

In verità, Dio non può essere compreso attraverso l'intelletto, né spiegato con semplici parole. Ciò nonostante, grazie alle pratiche spirituali possiamo fare l'esperienza di Dio e realizzarLo. Impossibile descrivere questa esperienza. Un bambino che si fa male riesce a comunicare ciò che prova dicendo solo: "Fa male tanto così"?. O quando è felice può spiegare le sue sensazioni dicendo: "Sono felice tanto così"?.

Proprio come l'acqua può manifestarsi come ghiaccio, liquido e vapore, Dio è con e senza attributi: si manifesta sia come dualità, sia come l'universo variegato.

Dio non ha un nome né una forma particolare. Al contrario, è come un attore che compare sul palco interpretando ruoli diversi. In tal modo Dio assume diversi stati d'essere e varie forme quali Shiva, Vishnu e Devi in base al desiderio del devoto. Quando viene scaldata, una statuina di cioccolato si scioglie e diventa informe, ma al di là della forma che prende, la vera natura del cioccolato rimane sempre la stessa.

Per concepire e adorare Dio è più semplice visualizzarLo con una forma. Una persona assetata avrà bisogno di mettere le mani a coppa o di utilizzare un recipiente per prendere l'acqua dal fiume. Chi ha un lungo bastone può far cadere un mango dall'albero anche senza salirci. Allo stesso modo, concepire Dio come dotato di forma e usare tale forma come nostro strumento, ci permette di adorarLo e realizzarLo.

Una mamma uccello partì un giorno alla ricerca di cibo e a un certo punto si ferì un'ala. Non riuscendo più a volare e a ritornare dall'altra parte del fiume dove aveva il nido, divenne molto triste. La preoccupazione per i suoi piccoli indifesi la rese molto inquieta. Fu proprio allora che vide un pezzo di ghiaccio galleggiare verso di lei. Con facilità vi saltò su. Un vento favorevole spinse il ghiaccio fino alla riva opposta e lei fu in grado di tornare al proprio nido.

Quelli di noi che s'impegnano assiduamente per conoscere Dio senza forma e senza attributi sono come questo uccello ferito che cerca di tornare a casa. È possibile realizzare Dio adorandoLo con una forma e degli attributi. L'acqua del fiume non aveva nessuna forma, ma diventò una solida lastra di ghiaccio che permise all'uccello impotente di attraversare il fiume. Allo stesso modo, per liberarci dall'oceano del *samsara*, l'adorazione di Dio con forma e attributi dovrebbe diventare la nostra compagna fedele. Allora, la brezza favorevole della grazia divina ci condurrà alla liberazione.

Dalla devozione basata sulla paura alla devozione basata sull'amore

Figli, alcuni chiedono: "Che importanza ha la *bhaya bhakti* (devozione con paura) nel sentiero della devozione? Non è dannosa?".

Non si può dire che la *bhaya bhakti* sia sconsigliata. Sebbene non ci sia posto per la paura nella pienezza e nella perfezione della devozione, una certa dose di timore aiuta decisamente il principiante a crescere. Dio, il solo protettore dell'universo, è anche Colui che elargisce i risultati delle azioni a tutti gli esseri. Dio protegge tutti i buoni e punisce i malvagi. Una persona consapevole di dover subire le conseguenze di ogni sua cattiva azione sentirà che nella sua devozione vi è un pizzico di paura, ma questa paura la renderà più forte perché risveglierà il suo discernimento e l'aiuterà a smettere di compiere errori e ad avanzare sulla strada giusta.

La *bhaya bhakti* non è come la paura che lo schiavo prova nei confronti del padrone; assomiglia piuttosto al timore misto al rispetto che lo studente ha per l'insegnante o all'amore innocente che il bambino prova per la mamma. Questo è l'atteggiamento da tenere nei confronti di Dio.

Un bambino ama la sua mamma ed è convinto che lei sia la sua unica protettrice, ma sa anche che, se commette qualche sciocchezza, la mamma non esiterà a punirlo. Quindi c'è senza dubbio un pizzico di timore nell'amore che prova per lei ed è proprio tale timore che lo salva da numerosi incidenti ed errori.

Un bambino ha molte debolezze e la sua immaturità lo spinge spesso a commettere errori; è proprio la paura che la madre possa arrabbiarsi e punirlo che lo trattiene dal commetterli. Quindi, la paura della madre risveglia il suo discernimento, gli permette di acquisire gradualmente la forza di seguire la retta via senza però impedirgli di sentire l'amore che la madre ha per lui. Tale timore lo aiuta a crescere.

Quando sono piccoli, i bambini s'impegnano nello studio per paura che il maestro li punisca se non lo fanno. Questa paura li aiuta a vincere la pigrizia e a lavorare sodo per apprendere e riuscire brillantemente negli studi. Crescendo, quando frequentano le superiori, questo timore scompare, ma a quel punto i ragazzi hanno sviluppato sufficiente discernimento per proseguire negli studi senza il pungolo della paura, che ora non è più necessario. I giovani provano solo rispetto e ubbidiscono ai professori. Questo è l'atteggiamento che la maggior parte dei devoti ha verso Dio.

Man mano che si procede sul sentiero della devozione, la *bhaya bhakti* si trasforma in una devozione piena d'amore. In questa forma di devozione non c'è assolutamente paura. L'amore per Dio porta ad accogliere di buon grado e con gioia anche una Sua punizione. L'intensità di questa devozione è tale che distrugge ogni tendenza a commettere errori.

Un vero devoto è come un bambino piccolo che riposa in grembo ad una mamma amorevole, dimentico di ogni cosa.

L'adorazione degli idoli

Recentemente, qualcuno mi ha chiesto: "Invece di adorare una statua, non dovremmo adorare lo scultore che l'ha creata?".

Figli, quando vediamo la bandiera della nostra nazione, i nostri pensieri vanno al sarto che l'ha cucita? No. Nessuno sembra ricordarsene. Ciò che ricordiamo è il nostro Paese. Allo stesso modo, quando vediamo un idolo, non dovremmo pensare allo scultore, ma al principio che quell'immagine rappresenta: il vero Creatore, il Creatore di tutto l'universo.

Per capire cosa voglia dire adorare un idolo, bisogna comprendere i principi su cui ci si basa. In verità, Dio non ha un nome, una forma o una dimora particolari: è al di là del tempo e dello spazio. La Sua natura è pura beatitudine. Dio è la verità priva di forma e di attributi. Per la maggior parte delle persone è tuttavia impossibile adorare la Sua natura divina e onnipresente senza l'aiuto di un simbolo concreto. Attualmente, le nostre menti sono confinate, profondamente legate a questo mondo materiale e alle sue varie forme. Adorare un idolo ci aiuta a volgere lo sguardo all'interno. In questo spazio interiore possiamo arrivare gradualmente a riconoscere il Divino che fa da sostrato alla mente.

Se vogliamo vedere chiaramente il nostro riflesso in uno specchio, dobbiamo prima togliere la polvere e la sporcizia che ne coprono la superficie. Allo stesso modo, per vedere la nostra vera natura nello specchio della mente dobbiamo innanzitutto rimuovere tutte le impurità che si sono accumulate. Adorare un'immagine purifica gradualmente la mente e favorisce livelli di concentrazione più profondi. Ecco perché gli antichi saggi del *Sanatana Dharma* sottolineavano l'importanza dell'adorazione di una forma sacra e del culto nei templi.

Alcuni affermano che praticare tale adorazione sia indice di una mente grossolana. Possiamo considerare vera questa affermazione solo quando l'adorazione di un idolo si fonda sul concetto errato che Dio risieda unicamente in un luogo specifico e abbia una forma particolare. Dio è onnipresente, è la causa ultima di tutto ciò che esiste. Non possiamo dire che adorare l'immagine di una divinità con questa comprensione sia un atto grossolano perché tale pratica è un valido strumento per realizzare il Sé.

Se adoriamo quell'effigie con preghiere egoistiche, volte a soddisfare unicamente i nostri desideri egoistici, allora possiamo affermare che questa è una forma di culto grossolana. Tuttavia, la forma più grossolana è venerare l'idolo disprezzando al tempo stesso le altre persone.

Quando si dice: "Adora solo Dio, non adorare il demonio", ciò che s'intende è che il nostro unico scopo dovrebbe essere realizzare Dio. Il termine "demonio" sta per i nostri desideri di ricchezze, status sociale e altri comportamenti egoistici contrari al *dharma*. La parola "demonio" non si riferisce al fatto di adorare Dio sotto varie forme. L'adorazione di un idolo è praticata quando si utilizzano simboli e immagini per risvegliare in noi il ricordo di Dio e, se lo consideriamo sotto questa luce, è chiaro che molte persone che criticano chi adora un idolo, in realtà praticano loro stessi questo tipo di adorazione.

Sebbene Dio sia al di là del nome e della forma, possiamo comunque adorarLo nella forma che preferiamo. Nella stessa casa, il padre può scegliere di adorare il Signore Siva, la madre il Signore Krishna e il figlio Devi. Ecco perché si parla di *ishta-daivam*, la nostra divinità "prediletta". Dovremmo capire i principi che sottendono l'adorazione di Dio sotto varie forme. Una collana, una cavigliera e un orecchino sono tutti d'oro: il loro sostrato è l'oro.

Allo stesso modo, il sostrato dell'esistenza è Dio. Impariamo a riconoscere il sostrato che unifica questo mondo apparentemente diversificato. Qualunque sia la forma della nostra *ishta-daivam* (Siva, Vishnu, Muruga), dobbiamo giungere a riconoscere questa unità. Bisogna capire che tutte queste forme non sono altro che variazioni dell'Uno. Avendo compreso che le persone provenivano da culture diverse, gli antichi saggi accettarono che si potesse adorare Dio invocandoLo sotto diverse forme.

Attraverso l'adorazione di un idolo dobbiamo raggiungere un'apertura mentale che ci permetta di amare e rispettare tutte le forme di vita. Vedendo Dio in una figura e rivolgendoGli le nostre preghiere, purifichiamo la mente e ci eleviamo ad uno stato in cui siamo in grado di riconoscere il Signore in ogni cosa. Questo è lo scopo finale dell'adorazione di un idolo.

Molte Grandi Anime come Sri Ramakrishna Deva, Mirabai, Andal e Kannappa Nayanar hanno raggiunto la liberazione adorando un idolo! Possano anche i miei figli risvegliarsi a questo piano di Verità.

La spiritualità è evasione?

Figli, le persone chiedono spesso se la spiritualità non sia un modo di fuggire dalla vita. Dovete comprendere che la spiritualità non potrà mai essere una fuga. Scappare è la via del codardo, mentre la spiritualità è la via del coraggioso.

La spiritualità è la scienza che ci insegna come essere forti davanti a qualsiasi crisi e come mantenere sempre la felicità e la contentezza; ci aiuta anche a capire più profondamente la vita e ad avere il giusto atteggiamento nei suoi confronti. La spiritualità consiste nel percepire il nostro vero Sé, è la ricerca di chi siamo e del senso della vita in modo da comprendere la natura del mondo e dei suoi oggetti.

Attualmente, crediamo che la felicità si trovi negli oggetti materiali, ma se così fosse, perché non siamo felici quando li otteniamo? Al contrario, vediamo un milionario proprietario di un jet, di una barca e di una villa ancora in balìa dell'inquietudine e della tristezza.

Due famiglie vivevano in un villaggio, in due capanne vicine. Uno dei due capofamiglia risparmiò un po' di denaro e costruì una bella casa. A quel punto il suo vicino cominciò a preoccuparsi: "Adesso lui possiede una casa mentre io vivo ancora in questa capanna". Così si diede da fare per procurarsi il denaro necessario: risparmiò dei soldi e ne chiese anche in prestito. Si impegnò duramente per poter costruire una casa, sognando nel frattempo il giorno in cui avrebbe abitato felice nella nuova dimora.

Quando la costruzione fu ultimata, fece salti di gioia, organizzò una festa invitando tutti i famigliari ed amici e per qualche tempo visse felicemente. Dopo qualche mese, però, cadde in depressione. Qualcuno gli chiese: "Cosa c'è che non va?".

L'uomo rispose: "Il mio vicino ha installato l'impianto di aria condizionata a casa sua e posato un pavimento di marmo. A confronto, la mia casa è una topaia".

La casa che una volta lo riempiva di gioia ora gli causava amarezza. Ciò dimostra che la felicità non risiede nelle cose. In realtà, sentirsi felici dipende dal nostro stato mentale. Quando la mente troverà pace, sperimenteremo sicuramente la felicità.

Quando conosceremo il segreto della felicità, smetteremo di correre ciecamente dietro ai beni materiali. Avendo assimilato i principi spirituali, saremo capaci di vedere il nostro prossimo come il nostro Sé, condivideremo il denaro che abbiamo in più con i poveri e i bisognosi e saremo pronti ad amare e a servire gli altri con un cuore aperto. La vera realizzazione spirituale consiste nell'avere la forza mentale per affrontare tutte le situazioni e servire il mondo con compassione.

Il mondo è un'illusione?

Molte persone chiedono ad Amma: "Perché si dice che questo mondo sia *maya*, un'illusione?".

Figli, un'illusione è qualcosa che prima nasconde la verità e poi la allontana da noi. Il mondo viene definito un'illusione perché può offuscare la verità, la fonte della pace eterna. Qual è la nostra esperienza attuale? Crediamo che le acquisizioni materiali, le relazioni e gli oggetti ci diano per sempre la pace e la felicità e perseguiamo questi obiettivi avidamente. Questa è opera di *maya*, del potere dell'illusione; in realtà, rincorrerli ci allontana dalla pace.

In sogno, il mondo che vediamo è molto reale per noi, ma quando ci svegliamo ci rendiamo conto che ciò che abbiamo vissuto non era assolutamente reale. Allo stesso modo, la nostra mancanza di comprensione spirituale ci fa vivere in un mondo simile a quello del sogno: uno stato di confusione. Solo quando ci risveglieremo da questa ignoranza, realizzeremo ciò che realmente è la Verità.

Un giorno un giovane molto povero sedeva sulla riva di un fiume a pescare. Dopo un po' vide avvicinarsi un elefante che teneva una ghirlanda di fiori con la proboscide, seguito da una grande folla. L'elefante si fermò davanti a lui e gli mise la ghirlanda intorno al collo. La folla applaudì con entusiasmo. Le persone gli dissero che questo gesto faceva parte del rituale per scegliere il nuovo re. Chiunque fosse stato inghirlandato dall'elefante, sarebbe diventato il nuovo re. Ben presto il giovane fu incoronato e sposò la principessa.

Un giorno, la principessa e il giovane stavano cavalcando in cima a un monte nei pressi del palazzo reale quando improvvisamente scoppiò una forte tempesta. Entrambi i cavalli e i cavalieri precipitarono nel vuoto.

La principessa e i cavalli morirono mentre il giovane riuscì in qualche modo ad afferrare il ramo di un albero mentre cadeva e a sopravvivere. Benché il ramo fosse molto alto da terra, non c'era scelta: doveva lasciarlo andare. Il re chiuse gli occhi e si lasciò cadere.

Quando li riaprì, non vide né la montagna né i cavalli né la sua principessa: c'erano solo la riva del fiume e la sua canna da pesca. Capì allora che si era addormentato e tutto non era stato che un sogno. Anche se in sogno tutto gli era sembrato reale, il ragazzo non era affatto triste per aver perso la principessa o il palazzo.

Proprio come il giovane della storia, anche noi oggi viviamo in un mondo di sogno, del tutto ignari della realtà. In questo mondo illusorio, la maggior parte delle persone è molto attaccata al successo e al profitto e teme il fallimento e la perdita. Quando le cose non funzionano secondo i nostri desideri, abbiamo l'impressione che il mondo intero stia per crollarci addosso.

Quel mondo, quello in cui il successo corrisponde alla felicità e il fallimento al dolore, è un sogno da cui dobbiamo svegliarci: è *maya*. Esiste una sola fonte di vera felicità: l'*atma*, il nostro vero Sé. Dobbiamo svegliarci a questa comprensione e, a quel punto, qualunque cosa accada nella vita, saremo pieni di pace e di beatitudine.

Se questo mondo è *maya*, come rapportarci con il mondo? Dobbiamo rifiutarlo? Assolutamente no. Affrontiamo le situazioni che incontriamo esercitando *viveka*, il discernimento, e allora sarà il mondo stesso ad aiutarci, a condurci verso la Verità. Se riusciamo a farlo, sapremo scorgere il bene in ogni cosa. Un assassino usa un coltello per uccidere, mentre un chirurgo lo usa per salvare vite.

Così, invece di rifiutare questo mondo, affermando che si tratta solo di un'illusione, cercate di comprendere il valore e i principi che si celano dietro a tutte le vostre esperienze e fatevi guidare da questa comprensione.

Coloro i quali comprendono la natura di *maya* sono i veri protettori del mondo e non cadranno mai nell'inganno di *maya*. Quelli che non riusciranno a comprendere la natura del mondo, non solo distruggeranno se stessi, ma diventeranno anche un peso per gli altri. Chi vede il bene in ogni cosa verrà guidato verso il bene. Da lì, realizzerà la Verità".

L'importanza del Guru

Figli, alcuni chiedono: "Se in realtà Dio e il guru sono dentro di noi, che bisogno c'è di un guru esterno?".

È vero che Dio e il guru sono in noi, ma la maggior parte di noi non è in grado di conoscere Dio dentro di sé o di assimilare gli insegnamenti del guru interiore. Pochissimi nascono con predisposizioni e tendenze spirituali acquisite nelle nascite precedenti. Costoro potrebbero riuscire a realizzare la verità spirituale senza l'aiuto di un guru vivente, ma la maggior parte delle persone ha bisogno di un maestro.

Un *Sadguru* è in effetti Dio in forma umana. Il guru guida con estrema benevolenza e pazienza il discepolo soggetto a numerose debolezze e vizi, gli fornisce istruzioni, insegnamenti e le chiarificazioni necessarie in modo che possa assorbire i principi spirituali nella loro forma più semplice e pura. Per il discepolo, quindi, il guru è persino superiore a Dio.

La spiritualità è il polo opposto al materialismo. Pertanto, quando intraprendiamo la vita spirituale con una visione materialistica del mondo, sbagliamo.

Ci serve del tempo per comprenderlo. Tuttavia, il guru, nella sua infinita pazienza, non si stanca di spiegare e di mostrare ancora e ancora, finché il discepolo avrà davvero inteso. Se volete imparare una lingua straniera, il modo migliore è vivere insieme a un madrelingua. Il guru è colui che parla la lingua madre della spiritualità.

Ciò che i testi sacri ci insegnano è molto sottile, è il segreto che sta alla base del nostro vero essere, la vera esistenza su cui poggia l'universo. Schiavi della mente e sotto il peso di innumerevoli tendenze accumulate nel tempo, non abbiamo nessun modello di riferimento per cogliere tale verità. Ogni cosa che il guru ci insegna è l'opposto di tutto quello che abbiamo sempre appreso: siamo stati condizionati a pensare che la felicità provenga dagli oggetti, ma il maestro mostra che non è così, che la felicità proviene solo dalla nostra interiorità. Ci hanno esortato a cercare di soddisfare i nostri desideri, ma il guru ci dice che è meglio trascenderli. Ci è stato detto che siamo nati e che un giorno moriremo, ma il guru ci svela che non siamo mai nati e mai moriremo. Quindi, in sostanza, il suo compito è rimodellarci completamente. Potremmo

paragonare il guru a uno scultore: uno scultore vede
la statua nascosta nella pietra. Mentre rimuove con
lo scalpello le parti superflue, pian piano affiora la
forma bellissima celata all'interno. Allo stesso modo,
un vero guru porta alla luce la verità che giace nel
cuore del discepolo. Quando quest'ultimo segue
i suoi insegnamenti e svolge le pratiche spirituali,
la sua ignoranza scompare e la verità si manifesta.

Quando la pioggia cade sulla cima della montagna, l'acqua scorre a valle. La natura della nostra
mente è simile a quella dell'acqua: un momento
la mente è euforica e al settimo cielo, il momento
dopo sprofonda nel baratro. Il Maestro conosce le
debolezze mentali del discepolo e sa come aiutarlo
a superarle. Anche se per sua natura l'acqua scorre
verso il basso, la stessa acqua può ascendere e
diventare vapore con il calore del sole. Il guru
sa che, risvegliando la coscienza del discepolo, la
sua mente può accedere a piani più alti. Questo è
proprio l'obiettivo del Maestro, quello per cui si
impegna costantemente. Una volta che la coscienza
e il guru interiore si sono completamente risvegliati,
non è più necessario l'aiuto di un guru esteriore.

Ogni parola pronunciata da una persona risvegliata è un *satsang*. Ogni sua azione è una preghiera, una meditazione. Ogni suo respiro non può che portare beneficio al mondo.

Affinché il guru appaia, occorre prima risvegliare il discepolo interiore. L'individuo dev'essere pronto a lasciarsi disciplinare. Per acquisire qualsiasi forma di conoscenza è indispensabile un certo livello di preparazione. Per il *Sadguru* esiste solo una cosa: la perenne unità. Vede tutto come pura coscienza. Per lui, non esiste né guru né discepolo, né madre né figlio, ma solo l'unità eterna. Tuttavia, per il nostro bene, scende al nostro livello. L'aspirazione del discepolo di conoscere la realtà della sua vera natura è fondamentale.

Come pregare

Figli, l'adorazione è la via migliore per stabilire una relazione coinvolgente e duratura con Dio, aprendoGli il nostro cuore. È un ponte che unisce il sé individuale al Sé Supremo. Tornato dalla scuola, il bambino lascia cadere a terra la cartella e corre dalla mamma, descrivendole con entusiasmo la sua giornata, le storie che l'insegnante ha raccontato e gli uccelli che ha visto tornando a casa. Allo stesso modo, la preghiera ci aiuta a sviluppare una connessione profonda con Dio. Confidare i nostri fardelli al Signore ci aiuta ad alleggerirli.

Dobbiamo considerare Dio il nostro unico rifugio, il nostro migliore amico, l'amico che sarà sempre con noi, in ogni situazione e in ogni pericolo. Quando Gli apriamo il cuore, senza saperlo ci eleviamo a livelli più alti di devozione.

Tuttavia, ai nostri giorni, tante persone non capiscono come pregare in modo corretto. Molti pensano che la preghiera sia solo un mezzo per soddisfare i propri desideri legati alle cose del mondo. Il loro amore non è rivolto a Dio, ma agli oggetti materiali. Oggigiorno, la gente prega persino affinché le disgrazie capitino ad altri.

Un vero devoto non dovrebbe mai nemmeno lontanamente pensare di ferire qualcuno. Ecco come dovrebbero essere le nostre preghiere: "Signore, fa' che io non commetta errori! Ti prego, dammi la forza di perdonare quelli degli altri! Perdona i miei errori e benedici ogni essere nella creazione!". Se preghiamo così, troveremo la pace. Le vibrazioni create da tali preghiere purificano l'atmosfera e quando l'ambiente in cui ci troviamo è purificato, ha un influsso positivo anche sulla nostra vita.

Pregare per il benessere del mondo è la forma di orazione più elevata. C'è tanto bisogno di preghiere prive di motivazioni egoistiche. Quando cogliamo dei fiori da offrire al Divino, siamo noi i primi a godere della loro bellezza e fragranza, anche se questa non era la nostra intenzione. Nel pregare per il mondo, oltre che a fargli del bene, espandiamo i nostri cuori.

Proprio come una candela si scioglie per dare luce agli altri, un vero devoto desidera sacrificare se stesso per aiutare il prossimo. Il suo scopo è coltivare una mente che doni felicità, dimenticando le proprie sofferenze. Una tale persona non ha bisogno di andare di qua e di là in cerca di Dio: Dio andrà da lui e rimarrà al suo fianco, pronto a servirlo.

La reincarnazione

Molti chiedono se la reincarnazione sia una realtà. Se questa nascita è reale, perché quindi la rinascita non dovrebbe esserlo? Non è corretto pensare che si possa valutare la vita solo con la ragione. La vita è un connubio tra ragione e mistero.

Dovremmo partire dal concetto che abbiamo vissuto prima di questa incarnazione, che stiamo vivendo adesso e che vivremo anche in seguito. Ogni cosa nell'universo è ciclica. Possiamo osservare questa regolarità nel succedersi delle stagioni, nella Terra che gira intorno al sole, nei pianeti che ruotano e così via. Allo stesso modo, non è sbagliato supporre che anche la nascita e la morte siano cicliche.

Due gemelli stavano conversando nel ventre della madre. La sorellina diceva al fratellino: "Credo che ci sia una vita dopo questa". Il fratello non era d'accordo e disse: "Impossibile. Non c'è un altro mondo oltre a quello in cui ci troviamo e che conosciamo. Il nostro mondo è buio e confortevole: riceviamo tutto ciò di cui abbiamo bisogno attraverso questo cordone. Non dobbiamo far altro che mantenere questo legame".

La gemellina rispose: "Sono fermamente convinta che esista un mondo vasto, che brulica di vita, oltre a questo mondo buio", ma il fratellino non riusciva assolutamente ad accettare questa idea.

La piccola aggiunse: "Ancora una cosa: potresti non crederci, ma io penso che abbiamo una madre che ci darà alla luce".

"Una madre? Ma che sciocchezze vai dicendo? Né tu né io abbiamo mai visto questa madre. Non crederò mai che esista una madre che non abbiamo mai incontrato".

La sorellina rispose: "In alcuni momenti silenziosi e tranquilli la sento cantare. Riesco anche a percepire il suo amore e la sua tenerezza, sento che ci ricopre di carezze".

I santi e i saggi che conoscono la Verità furono i primi a trasmettere la conoscenza di una rinascita, di un ritorno nel mondo. Non raccogliamo tutti i risultati delle azioni buone e cattive che compiamo in questa vita; ne faremo l'esperienza nelle nascite successive. Ci si reincarna per sperimentare i frutti delle nostre azioni.

Al momento della morte, l'anima lascia il corpo portando con sé tutte le tendenze buone e cattive dell'individuo. Non potendo esprimere queste tendenze latenti senza un corpo grossolano, l'anima deve ritornare, rinascere in un corpo che le permette di manifestarle.

Se non riusciamo a ricordare le parole di una canzone che abbiamo imparato in gioventù, possiamo dire di non averla mai imparata? Allo stesso modo, se non riusciamo a ricordare avvenimenti ed esperienze di una vita passata, non possiamo affermare che non ci sia stata un'esistenza precedente. Le persone comuni potrebbero non ricordare una loro vita anteriore, ma se noi affiniamo la mente con la meditazione, riusciremo a conoscere le nostre vite passate.

Dio è parziale?

Alcuni figli chiedono ad Amma se Dio detesti le persone malvagie e ami i buoni. In realtà, Dio non è parziale. Dio vede tutti allo stesso modo. Il sole brilla indistintamente su tutti gli esseri, senzienti e non senzienti. Affermare che Dio non mi ama è come chiudere le porte e le finestre di una stanza e poi lamentarsi dicendo che il sole rifiuta di illuminarci. Il fiume bagna sia l'albero di sandalo sia quello di corallo indiano che crescono sulla sua riva. Non si può biasimare il fiume perché il sandalo è profumato e l'albero di corallo pieno di spine. Allo stesso modo, Dio effonde ugualmente la Sua grazia su tutti, ma la nostra capacità di riceverla dipende dalla natura della nostra mente.

La maggior parte delle persone prega Dio perché ha qualche desiderio da soddisfare. Mentre chi produce bare prega dicendo: "Signore, fa' che oggi qualcuno muoia affinché possa vendere almeno una bara", la moglie o il figlio di un malato pregano affinché lo sposo, o il padre, guarisca presto. Quale di queste preghiere dovrebbe ascoltare Dio? Ciò che accadrà a queste persone è il risultato delle loro azioni; non ha senso biasimare Dio. Dio dispensa i risultati del karma di ciascuno senza favoritismi.

Come sono le nostre azioni, così sono i frutti. Se compiamo buone azioni, conosceremo la felicità. Se compiamo cattive azioni, dovremo fare l'esperienza della sofferenza. Questa regola vale per tutti. Ci sono però alcuni che agiscono adottando questo atteggiamento: "Non sono colui che agisce", offrono ogni loro azione a Dio ed eseguono il proprio karma. Paragonati agli altri, sono meno egoisti, hanno un ego meno pronunciato e quindi sono più idonei a ricevere la grazia divina.

Il sole si riflette perfettamente nell'acqua limpida, ma il suo riflesso non è nitido in un'acqua piena di alghe. Allo stesso modo, una mente imbrattata di arroganza, egoismo e altre impurità, difficilmente percepirà la grazia di Dio. Affinché ciò sia possibile, una persona deve avere un cuore puro e provare compassione per chi soffre. Allora la grazia di Dio fluisce spontaneamente verso di lei.

Amma ricorda un fatto accaduto in un ashram dove numerose persone erano andate per ricevere la benedizione del *Mahatma* che viveva lì. Mentre il *Mahatma* era con alcuni visitatori, un bimbo vomitò all'improvviso per terra. L'odore era insopportabile. Qualcuno si tappò il naso, disgustato, mentre altri girarono attorno alla pozza che si era creata. Delle persone si allontanarono criticando la mancanza d'igiene dell'ashram e infine vi furono alcuni che andarono dal *Mahatma* lamentandosi. "Guru", dissero, "un bambino ha vomitato laggiù. C'è una puzza insopportabile. Dovresti dire a qualcuno di pulire il pavimento". A queste parole, il *Mahatma* si alzò per andare a pulirlo personalmente, ma quando arrivò sul posto vide un ragazzino che stava rimuovendo il vomito e lavava il pavimento con acqua e sapone. Sebbene la sala fosse piena di gente, solo il giovane aveva pensato di farlo. Gli altri si erano limitati a lamentarsi. Il *Mahatma* si sentì attratto dall'atteggiamento altruista del ragazzino che aveva compiuto con gioia qualcosa di buono per gli altri. Il suo cuore si sciolse. Provando compassione e amore per lui, pensò: "Se ci fosse più gente con l'atteggiamento di questo giovane, il mondo diventerebbe un paradiso".

Pur essendo per lui tutti uguali, il *Mahatma* sentì particolare affetto per il ragazzo. L'avere pulito il pavimento con la stessa premura con la quale avrebbe lavato il suo corpo, lo rese il ricettacolo perfetto della grazia del guru. Accade lo stesso con la grazia divina: Dio effonde costantemente la Sua grazia su tutti. Come l'acqua entra nel buco che abbiamo scavato vicino alla riva di un fiume, così, la grazia di Dio fluisce in un cuore pieno di altruismo, di compassione e di virtù.

Dio è imparziale, non fa differenze, ha una visione equanime ed è un testimone distaccato. Purificando le nostre azioni e il nostro atteggiamento e credendo fermamente nella Sua volontà, riceveremo sicuramente la Sua grazia e sapremo serbare la pace e la contentezza interiore nella gioia e nel dolore, nel profitto e nella perdita, nel successo e nel fallimento.

L'essenza della spiritualità

La morte non è la fine

Figli, l'istinto di sopravvivenza e la paura di morire sono fenomeni naturali. Gli esseri umani temono la morte perché con la morte perdono tutto quello che hanno acquisito con grande fatica. È possibile superare tale paura, ma per farlo dobbiamo imparare ad affrontare la morte mentre siamo ancora in vita.

In un ospedale, due pazienti erano sul letto di morte: uno era uno scrittore di fama internazionale, l'altro una ragazzina dodicenne. Malgrado i medici avessero tentato di tutto per salvare lo scrittore, nessuna terapia aveva funzionato. L'uomo, il cui viso mostrava i segni della sofferenza fisica e mentale, cominciò a lamentarsi: "Cosa mi accadrà? Vedo tutto nero!". Nei suoi ultimi istanti di vita fu sopraffatto dalla paura e da un senso di solitudine.

Lo stato d'animo della ragazzina era completamente diverso. Anche lei sapeva di stare per morire, ciò nonostante era molto allegra. Il suo visino era illuminato dal sorriso. Pensando a quanto invece fosse angosciato lo scrittore, i medici e gli infermieri le chiesero stupiti: "Tesoro, sorridi come se non fossi consapevole che stai per morire. Non hai paura di morire?".

La fanciulla rispose, candidamente: "Perché dovrei avere paura della morte quando il mio amato Signore è proprio qui, accanto a me, in ogni momento? Sento che mi chiama: 'Figlia mia', mi dice, 'vieni da me'". Qualche giorno dopo, la fanciulla si spense con un sorriso sulle labbra.

Lo scrittore aveva forse guadagnato fama e notorietà, ma quando la morte venne a cercarlo, crollò. La fanciulla, invece, aveva stabilito un rapporto d'amore con Dio, era fermamente convinta che sarebbe stata completamente al sicuro nelle Sue mani e quindi non aveva affatto paura della morte. Per affrontare la morte senza paura e con il sorriso dobbiamo avere la fede innocente di questa ragazzina, oppure pensare: "Io non sono il corpo, sono il Sé. Il Sé non muore mai".

Ecco una storia tratta dalle *Upanishad*. Il grande saggio Uddalaka aveva un figlio di ventiquattro anni di nome Svetaketu. Dopo avere studiato per molti anni nell'eremo del suo guru, Svetaketu tornò a casa, credendo di conoscere ogni sapere sulla faccia della Terra. Uddalaka percepì immediatamente lo smisurato orgoglio del figlio e decise di correggere il suo comportamento.

Un giorno chiamò Svetaketu e gli disse: "Figlio, penso che tu sia convinto di possedere ogni forma di conoscenza, ma hai appreso anche quella che ti fa udire ciò che è inudibile, comprendere ciò che è incomprensibile e conoscere ciò che è inconoscibile?".

"Qual è questa conoscenza, padre?" chiese Svetaketu.

Il padre rispose: "Proprio come da un pezzo d'argilla si conosce tutto ciò che è fatto d'argilla, figlio mio, così, quando si acquisisce tale sapere, si conosce ogni cosa".

"Forse i miei venerabili maestri la ignoravano, altrimenti me l'avrebbero trasmessa. Padre, potresti insegnarmela?".

"Così sia", rispose Uddalaka, "Portami un frutto da quel baniano laggiù".

"Eccolo, padre".

"Taglialo".

"Fatto".

"Cosa vedi al suo interno?".

"Dei semini minuscoli, padre".

"Tagliane uno".

"Fatto, padre".

"Cosa ci vedi dentro?".

"Nulla".

Uddalaka disse: "Figlio mio, da questa sottile essenza che non riesci a scorgere, da lì è sorto questo enorme baniano. Ciò che costituisce tale essenza sottile è il sostrato di tutta l'esistenza. Mio caro ragazzo, ciò che è l'essenza più sottile, Quella è l'anima dell'intero universo. Tu sei Quello, Svetaketu".

Ogni cosa proviene da questo cosiddetto "nulla": questo è davvero il mistero della vita. Un giorno, quando l'albero o qualsiasi altra cosa scomparirà, non sapremo dov'è andato. Questo è quanto accade a tutti gli esseri viventi. Noi emergiamo dall'infinito nulla. In verità, persino mentre viviamo in questo mondo non siamo nulla e, alla fine, scompariremo di nuovo in questo oceano di nulla. Però questo nulla non è un vuoto, bensì la pura e indivisibile coscienza, ciò che le Scritture chiamano *sat-cit-ananda*: pura esistenza, pura coscienza, pura beatitudine.

In realtà, noi proveniamo dalla totalità della coscienza e ritorniamo a questa stessa totalità ed è per questo che i grandi maestri dicono che la morte può essere un'esperienza bella e trasformante se vista in modo positivo. Pensare alla morte, restando confinati nel nostro piccolo mondo di limitazioni, ci incute terrore, ma quando la vediamo dalla prospettiva della totalità, tale visione ci libera da ogni paura, ansia ed angoscia e ci porta oltre tutte le limitazioni.

In effetti la morte non è la fine della vita. Noi terminiamo ogni frase con un punto per poter poi scrivere la frase successiva. La morte è come questo punto. La morte per chi è nato e la nascita per chi muore sono predeterminate. La morte non è che una continuazione della vita. Se riponiamo la nostra fede in Dio e siamo consapevoli di questa verità, possiamo sicuramente vincere la morte e la paura della morte.

La beatitudine suprema è qui e ora

Figli, le Scritture affermano che lo scopo ultimo della vita umana è la liberazione. La liberazione non consiste nel conoscere un benessere o una gioia paradisiaci, né raggiungere la dimora della nostra divinità preferita dopo la morte. La liberazione è la beatitudine suprema qui e ora, l'affrancamento da ogni forma di schiavitù emotiva e intellettuale, uno stato nel quale non c'è più sofferenza e ci sentiamo in pace, a prescindere dalle circostanze.

È errato pensare che la liberazione sia qualcosa che si consegue dopo la morte. Bisogna fare l'esperienza della liberazione mentre viviamo in questo mondo, proprio dov'è così necessaria. È mentre viviamo in questo mondo, nelle situazioni più disparate con il conseguente caos e confusione – a livello fisico, emotivo e intellettuale – che dovremmo fare questa meravigliosa esperienza di completa indipendenza. Tale esperienza non è un'evasione, una fuga dalla vita; al contrario, è vivere con pienezza, accettando tutto quello che la vita ci presenta. L'arcobaleno ci riempie di bellezza e di gioia solo quando apprezziamo in modo eguale tutti i colori.

Analogamente, la vita, nella sua effervescenza e bellezza, si rivela quando ne cogliamo l'unità intrinseca nelle e attraverso le contraddizioni. Contempliamo perciò questa unità dovunque e in tutto, poi compiamo le nostre azioni nel mondo e a quel punto la spiritualità non sarà una negazione della vita, ma la sua affermazione.

La vita è piena di coppie di opposti: non riusciamo ad immaginare un mondo privo di comodità e di disagi, un mondo in cui non ci siano né nascita né morte, né luce né buio. La sofferenza nasce quando accettiamo solo un aspetto della vita e rifiutiamo l'altro. Ci piace stare sempre bene e non sopportiamo l'essere ammalati. Accettiamo la vita, ma rifiutiamo la morte. Apprezziamo e accogliamo il successo, ma rifiutiamo il fallimento. La vita non può esistere senza esperienze duali. Accettare la vita nella sua totalità, vedere tutte le diversità come differenti facce dello stesso fenomeno (l'unica e indivisibile coscienza) è l'apice della realizzazione spirituale. Solo allora saremo liberi da ogni sofferenza e potremo assaporare una felicità costante in tutte le situazioni.

Se comprendiamo che le comodità e i disagi fanno parte della natura stessa della vita, sapremo accettarli con equanimità.

In un villaggio, un *sannyasi* viveva in una semplice capanna e tutti lo rispettavano per il suo stile di vita puro e semplice. La figlia di un commerciante del villaggio rimase incinta. All'inizio non voleva rivelare il nome del padre del bambino, ma i suoi genitori insistettero talmente che alla fine rispose che si trattava del *sannyasi*. Dopo aver insultato il *sannyasi*, il padre della ragazza disse: "Poiché hai rovinato la reputazione di mia figlia, dovrai crescere il bambino".

Senza nemmeno una punta di rabbia o d'imbarazzo, il monaco rispose: "Così sia".

Non appena la ragazza partorì, suo padre affidò il bambino al *sannyasi*. Adesso, gli abitanti del villaggio detestavano il monaco e cominciarono ad insultarlo sistematicamente, ma lui non se la prese: tutta la sua attenzione era rivolta ad allevare il piccolo con amore.

Dopo un anno, in preda ai rimorsi, la giovane confessò al padre che in realtà il padre del bambino non era il *sannyasi*, ma un ragazzo del vicinato.

L'uomo d'affari andò subito a scusarsi con il monaco. "Ti prego", gli disse, "perdonami per avere dubitato di te ed averti insultato. Ci riprendiamo il bambino".

"Così sia" rispose il *sannyasi*.

La nostra vera natura è la sola fonte di pace che non può essere turbata da nessun problema al mondo. Chi ha realizzato questa verità, sa che nulla è separato da lui: vedendo la coscienza suprema in tutti gli esseri senzienti e non senzienti, ama e serve tutti, ed accetta qualunque situazione con equanimità.

La vita e l'amore non sono due cose diverse, ma una sola. Senza amore non c'è vita e viceversa. Quando questo principio fondamentale viene messo in pratica, diventa spiritualità. Questa è, in realtà, la realizzazione del Sé, questa è la liberazione. In tutto il mondo le persone dicono: "Io amo te (*I love you*)". È come se l'amore fosse intrappolato tra "io" e "te". Le pratiche spirituali ci aiutano a progredire e a realizzare infine la verità suprema: "Io sono amore".

Per giungere a questo stato dobbiamo comprendere la spiritualità e fare consapevolmente degli sforzi. La spiritualità è comprendere la natura della mente, è la scienza che ci insegna come conoscere la gioia e la contentezza senza essere assaliti dall'inquietudine o scossi dagli alti e bassi dell'esistenza. Nella vita, questo è di fondamentale importanza.

Religione e spiritualità

In ogni fede ci sono due aspetti: quello religioso e quello spirituale. La religione è l'involucro esteriore, mentre la spiritualità l'essenza interiore. La spiritualità ci porta a risvegliare la nostra natura reale. I veri devoti sono coloro che si sforzano di conoscere il loro vero Sé. Qualunque sia la fede professata, se si comprendono e si mettono in pratica i principi spirituali profondi, è possibile raggiungere l'obiettivo finale, l'unione con Dio. Al contrario, se si è incapaci di assorbire i principi spirituali, la religione si riduce a una fede cieca che incatena.

Ciò che determina l'unità tra le religioni è l'unità dei cuori. Se manca tale unità, sarà impossibile per tutti gli uomini riunirsi e lavorare insieme per un bene collettivo. Ci allontaneremo l'un l'altro, tutti i nostri sforzi saranno frammentari e i nostri risultati incompleti.

La religione è come un cartello stradale che mostra la via verso l'esperienza spirituale. Per esempio, indicando un albero, una persona dice: "Guarda quell'albero. Lo vedi il frutto che pende da quel ramo? Se lo mangi, diventerai immortale!".

Se qualcuno ci dice una cosa simile, saliremo sull'albero, coglieremo il frutto e lo mangeremo. Se invece ci aggrappiamo al dito della persona, non gusteremo mai il frutto. Questo è quanto accade quando le persone si attengono unicamente ai versi delle Scritture anziché cogliere, assimilare e mettere in pratica i principi che esse indicano.

Leggere semplicemente i testi sacri senza cercare di assorbirne i principi è come sedere in una barca senza usare i remi per raggiungere l'altra riva. Proprio come la barca, le Scritture sono uno strumento, non il fine.

A causa della nostra ignoranza e della nostra comprensione limitata, confiniamo i *Mahatma* nelle anguste gabbie della religione. Le parole dei *Rishi* e dei *Mahatma* sono delle chiavi per aprire il tesoro del nostro Sé, ma la nostra errata comprensione ci porta ad usare queste chiavi per litigare tra noi. In tal modo, non facciamo altro che gonfiare maggiormente il nostro ego e costruire la nostra prigione. Se continuiamo così, la comprensione e la collaborazione tra le religioni rimarranno per sempre un miraggio.

Un famoso pittore aveva dipinto il ritratto di una giovane donna così incantevole che tutte le persone che guardavano il dipinto si innamoravano di lei. Alcuni chiedevano al pittore se fosse la sua innamorata e quando il pittore rispondeva di no, affermavano decisi di volerla sposare e che non avrebbero permesso a nessun altro di farlo. "Vogliamo sapere dove trovare questa bellissima donna", insistevano.

L'artista diceva loro: "Mi spiace, ma in realtà io non l'ho mai vista. Non ha nazionalità, religione né una lingua materna. Ciò che vedete in lei non è la bellezza di una particolare persona. Ho semplicemente dato degli occhi, un naso e una forma alla bellezza che vedevo dentro di me".

Ma nessuno credeva alle sue parole e la gente lo accusava indignata, dicendo: "Tu menti. Vuoi solo tenertela tutta per te!".

Con calma, il pittore rispondeva: "No, vi prego. Nel guardare questo quadro, non fermatevi all'apparenza. Se anche cercaste in tutto il mondo, non la trovereste. Ciò nonostante, è la quintessenza di ogni bellezza".

Ignorando le parole del pittore, gli uomini si invaghirono dei colori e del dipinto. Presi dall'ardente desiderio di possedere quella donna bellissima, litigarono e lottarono tra loro fino alla morte.

Anche noi siamo come loro: oggigiorno siamo alla ricerca di un Dio che dimora solo nelle immagini e nei testi sacri e, in tale ricerca, ci siamo smarriti.

Mentre i *Mahatma* danno importanza ai valori spirituali, i loro seguaci danno più importanza alle istituzioni. In tal modo le religioni, che avevano lo scopo di diffondere la pace e la serenità nel mondo unendo le persone con il filo dell'amore, sono diventate motivo di guerre e di conflitti. I *Mahatma* sono l'incarnazione della spiritualità e le loro vite altruiste sono la dimora della vera religione. Osservarli è la via più breve per comprendere e sapere come praticare la spiritualità.

La forza di ogni fede è nella spiritualità. La spiritualità è il cemento che fortifica la struttura della società. Vivere una cosiddetta "vita religiosa" senza assimilare la spiritualità è come costruire una torre mettendo i mattoni uno sopra l'altro senza mai usare il cemento: crollerà facilmente. La religione senza la spiritualità è senza vita, come una parte del corpo non raggiunta dalla circolazione sanguigna.

Il Creatore e la creazione

Figli, il Creatore e la creazione non sono due cose, ma un tutt'uno, come afferma il *Sanatana Dharma*. Per quale motivo? La ragione è che, poiché nulla è separato dal Creatore, il Creatore e la creazione sono la stessa, identica cosa. Esistono molti esempi nelle Scritture che illustrano la relazione tra il Creatore e la creazione. Anche se i gioielli d'oro si presentano sotto forme e dimensioni diverse, sono creati, in sostanza, con lo stesso materiale: l'oro. Per quante onde ci siano nel mare, nessuna è separata dall'oceano. Allo stesso modo, Dio e l'universo non sono disgiunti ma costituiscono un tutt'uno.

La danza nasce dal ballerino. Prima della danza, durante la danza e anche dopo la danza, esiste solo il danzatore. Analogamente, prima della creazione, durante la creazione e dopo la scomparsa della creazione, esiste solo Dio. Ogni cosa è Dio. C'è solo Dio. Il *Sanatana Dharma* ci insegna che esiste solo Dio.

Un re chiese a tutti gli artisti del regno di dipingere un quadro che esprimesse la vera bellezza dell'Himalaya. Molti artisti risposero all'invito e ognuno di loro dipinse immagini di squisita bellezza. Il re e i suoi ministri si accinsero a scegliere il migliore. Sembrava che ogni quadro fosse più bello del precedente. Alla fine arrivarono all'ultimo. L'artista scoprì la sua opera. Il pittore aveva ritratto l'Himalaya magnificamente, tanto da dare la sensazione agli osservatori di trovarsi vicino alla vera catena montuosa. Poi, inaspettatamente, l'artista cominciò a scalare la montagna nel dipinto. Sotto gli sguardi del re e del suo seguito, l'artista salì fino alla vetta e poi scomparve nel dipinto.

Dio è come l'artista di questa storia. Nella Sua creazione, Dio pervade ogni cosa che esiste nell'universo. Allo stesso tempo, pare che sia invisibile. Poiché non riusciamo a percepirLo con i nostri cinque sensi o con la mente, rimane nascosto alla nostra vista. Ciò nonostante, poiché è il nostro vero Sé, possiamo farne l'esperienza. Pertanto, quando Lo realizziamo dentro di noi, possiamo sperimentare questa verità: Dio e l'universo sono un tutt'uno.

Dio non è un individuo seduto su un trono d'oro lassù in cielo. Dio è il Divino che permea ogni cosa. Se inavvertitamente ci infiliamo un dito nell'occhio, puniremo il dito? No, ci metteremo semplicemente ad alleviare il dolore dell'occhio. Ci comportiamo così perché consideriamo sia l'occhio che il dito una parte di noi. Allo stesso modo, il nostro *dharma* è amare e servire anche la più piccola forma di vita con la consapevolezza che Dio risiede in ogni cosa.

Questa è la più grande forma di adorazione del Divino.

L'essenza di tutte le religioni

Figli, Dio vive nel nostro cuore. La vera natura di Dio e la nostra vera natura sono un'unica, medesima essenza. Le religioni ci insegnano che Dio ha creato gli esseri umani a Sua immagine. Nel sentire questa affermazione, molti di noi potrebbero chiedersi perché allora non riusciamo ad avvertire la presenza del Divino e a fare l'esperienza di una vera felicità. È vero che la natura di Dio è tale e quale alla nostra, ma la nostra ignoranza e il nostro ego hanno oscurato Dio, la nostra stessa essenza, impedendoci di conoscerLo. Ciò di cui invece facciamo l'esperienza sono l'inquietudine e il dolore.

Di fatto, tutte le religioni indicano la via verso la beatitudine vera, ma la maggior parte di noi non riesce a cogliere i veri insegnamenti della religione e si focalizza solo sui riti esteriori e sulle pratiche religiose. Immaginate una dozzina di vasi variopinti pieni di miele: se non riuscite ad andare oltre alla diversità dei colori e delle forme dei barattoli, come potrete gustare la dolcezza del miele? Questo è proprio ciò che stiamo facendo attualmente: invece di cercare di comprendere l'essenza degli insegnamenti della nostra religione, ci areniamo, affascinati dai suoi aspetti esteriori.

Un uomo decise di celebrare sontuosamente il suo 50esimo compleanno. Fece stampare i biglietti d'invito su carta pregiata e costosa e decise di far tinteggiare ed abbellire tutta la casa. Comprò anche un bellissimo lampadario che appese in mezzo alla sala del banchetto. Non solo fece adornare la casa, ma anche i dintorni. Acquistò degli abiti costosi, un anello di diamanti e una catena d'oro, e chiese a un famoso chef di preparare piatti ricercati.

Finalmente giunse il grande giorno. Poiché si stava avvicinando l'ora dell'arrivo degli invitati, l'uomo si mise gli abiti nuovi, indossò l'anello e la catena d'oro e poi si recò nella sala del banchetto per dare loro il benvenuto. Tutto era pronto: i camerieri in livrea stavano aspettando di servire gli ospiti. Ma non arrivò nessuno. Con il passare delle ore, l'uomo si sentì sempre più inquieto. "Dove sono tutti?", si chiedeva. Fu a quel punto che si accorse della pila di biglietti d'invito che giaceva sul tavolo. Preso dal turbinio dei preparativi, si era semplicemente scordato d'inviarli.

Noi assomigliamo tantissimo a quest'uomo: presi dai nostri numerosi impegni, ci dimentichiamo di perseguire lo scopo più importante della vita. Ecco perché siamo incapaci di sperimentare la vera pace e la vera contentezza.

Quelli che si fermano agli aspetti superficiali della fede perdono spesso di vista l'essenza della religione e non riescono ad avvertire interiormente la presenza di Dio. Un giardiniere che sta falciando il prato vedrà attorno a sé solo erba, nulla di più, mentre un erborista ayurvedico riconoscerà le erbe che hanno proprietà terapeutiche. Dobbiamo diventare come questo erborista, comprendere e assimilare i veri valori che sono nel cuore della nostra religione, i principi fondamentali.

Figli, sforzatevi di cogliere l'essenza profonda della vostra fede e imparate i veri principi che stanno alla base dei rituali e delle cerimonie religiose. Solo così potrete percepire la presenza di Dio in voi.

Amare se stessi

Figli, viviamo in un'epoca in cui le persone non solo detestano gli altri, ma odiano anche se stesse. Ecco perché vediamo aumentare il numero di suicidi e di altri atteggiamenti mentali distruttivi. Tutte le religioni, i leader spirituali e gli psichiatri sottolineano quanto sia importante non solo amare gli altri ma anche se stessi. Di solito si pensa che amare se stessi significhi amare il proprio corpo. Molti di noi spendono tempo e denaro cercando di preservare la loro salute e bellezza fisica. Appena si svegliano, tante persone passano ore davanti allo specchio e spendono un sacco di soldi frequentando saloni di bellezza e palestre. Alcuni cercano di schiarire la loro pelle scura, altri cercano di renderla più scura abbronzandosi. Alcuni tingono di nero i loro capelli grigi, altri colorano i loro capelli neri di rosso o persino di verde. Avere cura del corpo e della propria salute è importante, ma spesso rivolgiamo troppa attenzione a questi aspetti. Ci siamo mai fermati a riflettere su quanto tempo prezioso sprechiamo in tal modo? Sfortunatamente, nessuno sembra compiere alcuno sforzo per elevare la propria mente e il proprio cuore.

In un grande magazzino a più piani non c'erano abbastanza ascensori e quindi le persone dovevano attendere a lungo prima di prenderne uno. Stanchi di aspettare, alcuni clienti iniziarono a lamentarsi e a creare scompiglio.

Il direttore comprese che, se non avesse risolto rapidamente il problema, le vendite ne avrebbero risentito. Cominciò a pensare a una soluzione e infine ebbe un'idea: collocò diversi specchi nella zona in cui la gente aspettava gli ascensori e fece installare altri specchi anche negli ascensori.

Non appena lo fece, le lamentele cessarono. Nessuno si accorgeva più del tempo che passava nell'attesa: ognuno era intento a guardarsi allo specchio, a sistemarsi i capelli o a truccarsi e continuava a farlo anche in ascensore.

Proprio come abbelliamo e puliamo il corpo, così dovremmo pulire la nostra mente. In che modo? Rimuovendo rapidamente ogni emozione o pensiero negativo che vi entra.

Così, dobbiamo esercitare il nostro intelletto a pensare usando il discernimento. Per riuscirci, dobbiamo acquisire la conoscenza spirituale ascoltando *satsang* e trascorrendo del tempo con dei *Mahatma* e altre persone con inclinazioni spirituali.

Il vero significato di "amare se stessi" è permettere al Divino che è in noi di diffondere la Sua luce all'esterno.

La vita di famiglia

Non imprigionate il vostro amore dentro di voi

Figli, molte donne mi dicono: "Quando apro il mio cuore e confido le mie amarezze a mio marito, lui non mi consola mai. Non mi mostra nemmeno un briciolo d'amore". Quando i mariti vengono messi di fronte a questo fatto, rispondono: "Non è vero. La amo moltissimo ma lei non fa altro che lamentarsi". Quindi, sebbene entrambi si amino, nessuno dei due beneficia di questo amore: sono come due persone che vivono sulle rive di un fiume e muoiono di sete.

In realtà, c'è amore in ognuno, ma l'amore che non viene espresso è come miele imprigionato in una roccia: impossibile gustarne la dolcezza. Non tenete il vostro amore intrappolato nel cuore. Dobbiamo manifestare il nostro amore attraverso le parole e le azioni. Amiamoci l'un l'altro a cuore aperto e impariamo a condividere il nostro amore.

Un giorno un monaco visitò un carcere dove fece amicizia con i detenuti. Fra di loro c'era un giovane. Mettendogli una mano sulla spalla, il monaco gli accarezzò amorevolmente la schiena e poi gli chiese: "Ragazzo mio, come sei finito qui?".

Con il viso rigato di lacrime, il ragazzo rispose: "Se nella mia infanzia qualcuno mi avesse posato la mano sulla spalla e parlato con gentilezza, non sarei mai finito in questa prigione".

È estremamente importante donare amore ai figli, soprattutto nei loro primi anni. È proprio durante l'infanzia che dobbiamo abituarli a ricevere e a contraccambiare l'amore.

Non bisognerebbe tenere nascosto l'amore nel cuore. L'amore va diffuso attraverso le nostre parole, i nostri sguardi e le nostre azioni. L'amore è l'unica ricchezza che rende una persona più felice di dare che di ricevere. È la ricchezza che possediamo, ma che non ci accorgiamo di avere.

Risvegliamo quindi l'amore che è dentro di noi, lasciamo che si esprima nel mondo in ogni nostra azione, parola e gesto. Non confiniamolo dentro le mura di una religione, non limitiamolo a una fede o a una casta. Lasciamo che scorra liberamente ovunque.

Possano i nostri cuori abbracciarsi, risvegliarsi e condividere l'amore divino che è dentro di noi. Possa l'amore abbracciare tutti gli esseri e fluire. Allora, le nostre vite diventeranno benedette e divine.

La cultura nell'educazione

Figli, in passato, nel nostro Paese, essere consapevoli dei principi spirituali era considerato l'aspetto più importante della vita. Oggigiorno, la conoscenza delle cose materiali ha tuttavia acquisito più importanza della spiritualità. Non ha senso cercare di tornare al passato e sforzarsi di farlo produrrà solo amarezza. Ciò che conta adesso è imparare come andare avanti salvaguardando ciò che resta della nostra nobile cultura.

Molto tempo fa i bambini venivano mandati a scuola non prima dei cinque anni. Oggi li iscriviamo alla scuola materna quando hanno solo due anni e mezzo. Finché i bambini non compiono cinque anni, dovremmo mostrare loro solo amore e non ostacolare in alcun modo la loro libertà. Dovrebbero poter giocare come desiderano. Tutto quello che dobbiamo fare è prestare attenzione alla loro sicurezza, proteggerli dal fuoco e non lasciare che vadano vicino a specchi d'acqua.

Nonostante le birichinate che possano compiere, dobbiamo mostrare loro solo amore e anche quando sottolineiamo i loro errori dobbiamo farlo con tantissimo amore. Così come hanno vissuto per nove mesi protetti nel grembo della madre, nei loro primi cinque anni devono rimanere protetti in un altro grembo: il grembo dell'amore. Tuttavia questo non è ciò che vediamo oggi nel mondo.

Nel nome dell'educazione, carichiamo sulle spalle dei nostri figli un fardello più pesante di quello che possono reggere. Nella fase della loro vita in cui dovrebbero giocare con gli amici, li rinchiudiamo nelle aule, come uccelli in gabbia. Per giunta, se i bambini non risultano primi in classifica già all'asilo, i genitori si sentono stressati e fanno ancora più pressione sui figli.

I bambini vivono in un mondo di totale innocenza. Crescono raccontando storie ai fiori e alle farfalle. Osservare il loro mondo suscita una tale meraviglia! La loro natura è di essere felici e di trasmettere la felicità agli altri. Invece di assimilare l'innocenza dei propri figli, i genitori li trascinano nel loro mondo, un mondo di competizione e di frustrazione.

Due bambini che abitavano vicino stavano giocando e uno di loro rimase ferito leggermente a una mano. Nel vederlo, sua madre rimproverò la madre dell'altro bambino. Quando la discussione divenne animata, i mariti e i vicini intervennero, dando ragione a uno o all'altro bambino. La situazione degenerò. In mezzo a tutto questo trambusto, qualcuno si mise a cercare i piccoli. Quando li trovò, vide che avevano completamente dimenticato la loro lite e stavano felicemente giocando assieme.

Ai giorni nostri, i genitori non trovano il tempo per spiegare ai figli il senso della vita o per insegnare loro uno stile di vita che li aiuti a scoprirlo. Sembra che nessun genitore trovi del tempo per scoprire le aspirazioni innate dei figli, per incoraggiarli a sviluppare i loro talenti nascosti. Una sana competizione a scuola può senz'altro aiutare i bambini a progredire negli studi e a realizzare il loro potenziale, ma il livello di competizione che prevale oggi porta solo allo stress. Se durante gli esami i bambini non riescono ad ottenere il risultato sperato, si abbattono talmente che si sentiranno frustrati per tutta la vita.

Figli, dobbiamo pensare a qual è il fine dell'educazione. È vero che l'istruzione moderna permette di conseguire una laurea ed ottenere impieghi ben retribuiti, ma tutto questo darà una pace mentale duratura? Se non siamo disposti ad insegnare ai nostri figli i valori della nostra cultura insieme all'educazione moderna, alleveremo dei Ravana e non dei Rama. La consapevolezza dei valori culturali è il fondamento della pace e della felicità nella vita. Solo attraverso la spiritualità possiamo trovare la vera cultura e la saggezza suprema.

Educare i bambini nel mondo moderno

Figli, viviamo in un'epoca in cui la corruzione politica, il declino dei valori e la violenza sulle donne sono in aumento. Qual è la causa? Il mondo in cui viviamo è diventato come un supermercato: qualsiasi cosa è disponibile per chiunque. La nostra mente è attratta da un'infinità di cose che ci vengono offerte tramite strumenti quali internet, cellulari e via di seguito. Di questi tempi, per mantenere il nostro equilibrio abbiamo bisogno di costruire solide fondamenta basate sul *dharma* e sui valori morali. È dall'infanzia che dobbiamo educare la mente in tal senso.

Educare i figli non significa semplicemente rimproverarli e punirli: bisogna orientare le loro menti verso ciò che è bene. Dobbiamo mostrargli la strada giusta e quando fanno qualcosa di buono, incoraggiarli a continuare in quel modo. Non dovremmo imporre loro un carico gravoso di studio. Lasciamogli libertà sufficiente per sviluppare l'immaginazione, la capacità di pensare autonomamente ed esplorare le loro emozioni. Nello stesso tempo dovremmo mostrare loro cosa è giusto e cosa è sbagliato, ciò che è *dharma* e ciò che è *adharma*. Non si possono insegnare questi concetti con dei rimproveri. Possiamo fornire consigli incoraggiandoli e mostrando loro un comportamento intelligente.

Un ragazzo aveva l'abitudine di sprecare tantissimo cibo. Il padre cercò con molto amore di fargli capire che era sbagliato farlo. Arrivò perfino a sgridarlo severamente, ma senza successo. Alla fine decise di mostrargli un video. Il video cominciava facendo vedere due ragazze che stavano mangiando del pollo in un ristorante mentre scherzavano e ridevano.

Quando furono sazie, lasciarono nel piatto metà della pietanza che finì nella pattumiera. La scena seguente mostrò un povero che, frugando tra i cassonetti dell'immondizia, scoprì le due grandi porzioni di pollo gettate via dalle ragazze. Tutto contento, le mise in un sacchetto di plastica. Con gli avanzi di cibo degli altri clienti del ristorante riuscì a riempire a poco a poco la borsa. Tornato nel suo villaggio, l'uomo condivise ciò che aveva raccolto con dei bambini. Nel riceverlo, si poteva leggere la felicità sui loro volti affamati. Tuttavia il cibo finì troppo presto e i bambini avevano ancora fame. Così, si misero a leccare l'interno del sacchetto. Questa scena fece scoppiare a piangere il ragazzo che stava guardando il video. Singhiozzando, disse: "Papà, non butterò più il cibo".

È importante insegnare il valore della disciplina ai nostri figli. È facile disegnare sul cemento ancora fresco ma, una volta asciugato, sarà impossibile. Le menti dei giovani sono come il cemento fresco. I genitori devono innanzitutto ricolmare d'amore e d'affetto i propri figli trasmettendogli, al tempo stesso, nobili valori e una buona cultura. Dovrebbero essere modelli di riferimento per i figli. Facendolo, i figli prenderanno coscienza del *dharma*, svilupperanno spontaneamente buone abitudini e riusciranno a superare le tentazioni che la vita presenterà loro. Saranno in grado di sopravvivere in questo mondo. Lo scopo della nostra vita non dev'essere solo guadagnare denaro e procurarsi agi. Dobbiamo risvegliare nei nostri figli la consapevolezza che esistono obiettivi più importanti. Se riusciremo a farlo, la società andrà incontro a una trasformazione graduale e positiva in ogni suo aspetto.

Relazioni armoniose

Figli, oggi vediamo molti matrimoni in cui manca il vero amore. Queste unioni sono piene di conflitti ed attriti causati dall'incomprensione tra marito e moglie. Nella maggior parte dei casi, i coniugi non cercano nemmeno di comprendersi reciprocamente. Affinché si sviluppi una vera relazione, è fondamentale aver acquisito una minima comprensione della natura umana, della natura maschile e femminile. Un uomo dovrebbe sapere com'è la natura della donna e viceversa. Sfortunatamente, oggi questa comprensione è assente ed entrambi vivono in due mondi isolati e non comunicanti. Diventano come due isole a sé stanti e non collegate tra loro nemmeno da un servizio di traghetti.

Gli uomini sono per lo più cerebrali mentre le donne tendono ad essere più emotive: due poli diversi lungo due linee parallele tra le quali non avviene nessun incontro reale. Quindi, com'è possibile che ci possa essere del vero amore tra loro? Se uno dice sì, l'altro probabilmente dirà no.

Sentirete raramente un insieme armonioso di "sì" e "sì" o di "no" e "no" all'unisono.

Entrambi devono capire e accettare la natura diversa del partner e compiere uno sforzo consapevole per comprendere il cuore dell'altro, i suoi sentimenti, e cercare poi di risolvere i problemi alla luce di questa comprensione. I coniugi non dovrebbero cercare vicendevolmente di controllare l'altro né dire al partner: "Io dico sì e quindi anche tu dovresti dire sì".

Tale atteggiamento va abbandonato perché genererà solo collera, persino odio. In un simile rapporto, l'amore sarà molto superficiale. Se si riesce a creare un ponte fra questi due poli, quello dell'intelletto e quello delle emozioni, la dolce musica dell'amore scaturirà. La spiritualità è il fattore unificante. Se guardate la vita dei nostri antenati, vi accorgerete che nei loro matrimoni c'era di solito più amore che in quelli odierni. L'amore e l'armonia prevalevano nelle loro vite perché possedevano una comprensione migliore dei principi spirituali e delle loro implicazioni nella vita di ogni giorno.

Figli, imparate a rispettare i vostri sentimenti reciprocamente, imparate ad ascoltare i problemi dell'altro con amore e interesse. Quando l'ascoltate, il vostro coniuge dovrebbe sentire che siete genuinamente interessati e che desiderate sinceramente aiutarlo. Deve percepire l'attenzione e l'interesse, il rispetto e l'ammirazione che nutrite per lui. Occorre accogliere apertamente l'altro, senza riserve.

Tuttavia, è inevitabile che sorgano conflitti, così come divergenze e malintesi; ma poi si dovrebbe essere in grado di dire: "Mi spiace. Ti prego, scusami. Non intendevo dire quello che ho detto". Oppure potreste dire: "Ti amo. Non pensare che tu non sia importante per me. Lo sei, davvero. Mi spiace, non avrei dovuto pronunciare quelle parole. Nella collera, ho perso la pazienza e la capacità di discernere".

Tali parole pacificanti aiuteranno a guarire ogni sentimento ferito e contribuiranno anche a creare un profondo sentimento di amore tra di voi, anche dopo una grossa lite.

77

La fiducia è il fondamento di una relazione solida

Figli, la fiducia reciproca dev'essere il fondamento delle nostre relazioni. Ogni rapporto, che sia tra moglie e marito, tra due amici, tra soci d'affari, sarà duraturo solo se è basato sulla fiducia reciproca.

In realtà, è l'essere consapevoli delle nostre debolezze che ci rende sospettosi, ci fa trovare difetti negli altri e, di conseguenza, ci rende incapaci di gioire del loro amore. Alla fine perdiamo anche la nostra felicità e la pace mentale.

Quando due persone iniziano a vivere insieme, è naturale che sorgano conflitti. Lo vediamo in tutte le relazioni. Fa parte della natura degli esseri umani proiettare i propri problemi sugli altri. Di solito rifiutiamo di assumerci ogni responsabilità. Questo atteggiamento non è salutare, soprattutto per un ricercatore spirituale. Il solo pensare: "Io non sono una persona egoista, quindi non è colpa mia", è già una manifestazione dell'ego.

L'ego è molto suscettibile e ciò che detesta maggiormente è la critica. Inoltre, quando il nostro ego diventa incontrollabile, appesantisce maggiormente il nostro fardello, producendo paranoia e paura. Tutto questo distrugge la nostra pace mentale e ci impedisce di pensare in modo razionale.

Due bambini stavano giocando. Il bambino aveva qualche monetina mentre la bambina alcuni cioccolatini. Il maschietto disse: "Se mi dai i cioccolatini, ti darò il denaro". Lei rispose di sì e gli diede qualche cioccolatino. Dopo averlo ricevuto, il bambino le diede alcuni spiccioli tenendo per sé le monete di maggior valore.

La bambina non se ne accorse. Tornata a casa, si addormentò serena. Il bambino invece continuò a pensare: "Scommetto che lei aveva cioccolatini di una qualità migliore e invece di darmeli, mi ha dato quelli più scadenti. Come io ho tenuto da parte le monete più preziose, così anche lei deve aver tenuto da parte i cioccolatini più costosi". Tutti questi sospetti gli impedirono di dormire.

Alcuni uomini dicono ad Amma: "Penso che mia moglie mi tradisca". Alcune donne dicono ad Amma: "Continuo a sorprendere mio marito mentre parla al telefono con qualcuno usando un tono di voce molto dolce. Non riesco più a dormire la notte".

Due persone si sposano desiderando disperatamente amore, pace e felicità, ma la loro natura sospettosa trasforma le loro vite in un inferno, senza mai un momento di pace. Finché il mostro del sospetto occupa la nostra mente, nessun consiglio né suggerimento ci aiuterà. In questo modo molte famiglie si sono disgregate.

Sebbene le persone si scambino parole d'amore belle e altisonanti, in fondo credono che l'amore consista nel prendere. In realtà, l'amore è donare. Solo donando amore possiamo crescere e aiutare gli altri a crescere. Se manca questo atteggiamento, allora il cosiddetto "amore" provocherà solo sofferenza, sia in colui che ama sia in colui che è amato. Non dovremmo chiederci: "Lui è davvero un buon amico?", ma: "Io sono un buon amico per lui?".

Dovremmo innanzitutto essere disposti ad amare e ad avere fiducia nella persona che abbiamo sposato. Se siamo disposti ad essere amorevoli e fiduciosi, il 95% di tutto ciò che doniamo ci ritornerà. Il sospetto genera sospetto e la fiducia genera fiducia. Prima di trovare difetti nel nostro partner, dovremmo guardare dentro di noi. Se abbiamo delle mancanze, correggiamole.

Ciò che spesso aiuta nel rapporto di coppia è parlarsi a cuore aperto invece di aggrapparsi a dei sospetti. Non esitate a cercare aiuto rivolgendovi ad un amico o perfino a un professionista, se necessario. Essere pazienti l'un l'altro, far sentire la propria vicinanza e presenza all'altro, consolida i rapporti.

E, soprattutto, è necessario comprendere il significato delle verità spirituali e imparare a trovare la felicità dentro di noi. Se saremo capaci di farlo, conosceremo la felicità anche nelle nostre relazioni.

Feste religiose e testi sacri

La devozione nel Ramayana

Figli, anche dopo migliaia di anni, il *Ramayana* occupa ancora un posto speciale nel cuore della gente. Perché? Perché le sue pagine racchiudono l'essenza della devozione. La devozione del *Ramayana* ammorbidisce e purifica il cuore. La zucca amara è amara per natura, ma se la immergiamo per un po' nell'acqua zuccherata diventa dolce. Allo stesso modo, quando leghiamo la nostra mente a Dio abbandonandoci a Lui, tutte le nostre impurità mentali sono rimosse e la mente viene purificata.

Nel *Ramayana* sono descritti vari modi di esprimere la devozione. La devozione di Bharata è differente da quella di Lakshmana e la devozione di Sita è diversa da quella di Sabari. Una caratteristica della devozione consiste nel desiderare costantemente la vicinanza e la compagnia dell'amato. Possiamo vedere questo aspetto nella devozione di Lakshmana, sempre intento a servire il Signore Rama. Ancor oggi, Lakshmana è ricordato come qualcuno che rinunciava a mangiare e a dormire per servire il proprio Signore. Bharata esprimeva invece la sua devozione in altro modo: aveva una devozione pacata e gentile. Vedendosi come servo di Rama, Bharata governò il Paese in assenza di Rama, considerandolo un modo per adorare Rama.

Se si ricorda costantemente Dio e ci si abbandona completamente a Lui, tutte le azioni diventano adorazione. Per contro, se manca questo atteggiamento interiore, persino le *puja* e le *homa* eseguite nei più grandi templi non sono che meri rituali svolti da professionisti e non atti di devozione.

Durante l'assenza dell'Amato, la devozione diventa più intensa. Questo è ciò che vediamo in Sita e nelle *gopi* di Vrindavan. Quando il Signore Rama era vicino a lei, Sita desiderò avere il cervo d'oro a tal punto che divenne schiava di questo desiderio. Tuttavia, dopo essere stata rapita da Ravana, il cuore di Sita languì per Rama. In quell'intenso dolore per la perdita del suo sposo, tutti i desideri mondani di Sita furono bruciati ed eliminati, il suo cuore fu purificato e lei riuscì a fondersi con Dio.

La devozione di Hanuman è un insieme di qualità come il discernimento, l'entusiasmo, la concentrazione e una fede intensa. Un tempo servo di Sugriva, quando i suoi occhi si posarono sul Signore Rama, Hanuman si consacrò completamente a Lui. Se il legame di Hanuman con Sugriva era di natura terrena, quello con Rama era quello tra *paramatma* e *jivatma*, il legame tra l'anima suprema e l'anima individuale. Hanuman dimostra anche come sia possibile ricordare costantemente Dio recitando assiduamente il Suo nome.

Per acquisire la devozione non è necessario nascere in una casta alta o essere particolarmente colti. Occorre solo avere un cuore puro. Questo è proprio ciò che vediamo in Sabari, che credette completamente nel suo guru, il quale le aveva assicurato che un giorno il Signore Rama le avrebbe fatto visita. Nell'attesa dell'arrivo di Rama, Sabari puliva ogni giorno l'ashram e preparava tutti gli oggetti necessari per la Sua adorazione. Sabari aveva preparato un luogo speciale dove far sedere il suo Signore. In tal modo trascorsero giorni, mesi e anni. La lunga attesa non fu vana: un giorno il Signore Rama giunse alla sua capanna, accolto amorevolmente da questa devota. La storia di

Sabari dimostra che Dio verrà a dimorare nei cuori di chi lo attende.

La devozione non dovrebbe avere solo una natura emotiva. Se basata unicamente sulle emozioni, tale devozione sarà intensa ma passeggera. È quindi necessario che sia fondata sulla conoscenza. La devozione non dovrebbe avere lo scopo di realizzare i nostri desideri terreni. Una volta che i semi della devozione sono germogliati, vanno presi e piantati nei campi della conoscenza e quando daranno buoni frutti, si avrà raggiunto l'obiettivo.

Rama fu capace di risvegliare la devozione nei fratelli, negli amici, nei sudditi e persino negli uccelli e in altri animali. Ovunque incontriamo la qualità della Grandezza, ci viene spontaneo adorarla, perché il seme della devozione è nascosto nel cuore di ognuno di noi. Dovremmo nutrirlo con pensieri, parole e azioni. Eleviamo dunque il nostro livello di devozione fino a vedere la presenza di Dio in tutto l'universo. Il *Ramayana* è un cammino che ci porta a questo stato supremo.

Assimilare l'essenza delle festività religiose

Figli, le feste religiose non sono semplici tradizioni da celebrare una volta all'anno. Dobbiamo assorbire il messaggio che celano per integrarlo nella nostra vita. L'essenza di queste ricorrenze consiste nel coltivare la devozione e la consapevolezza spirituale quale principio fondamentale mentre viviamo in questo mondo materiale. Tali feste ci ricordano anche la necessità di perdonare e dimenticare i torti subiti. Questo atteggiamento contribuisce a creare ovunque un clima di libertà, amicizia e unità, permettendoci di aprire il nostro cuore ed aiutare gli altri. Le differenze tra superiore e inferiore, dipendente e datore di lavoro, padrone e subalterno passano in secondo piano.

In India è sempre esistita la tradizione di collegare la vita, i costumi, l'arte e il sapere all'adorazione di Dio. Così come tutte le api seguono l'ape regina quando viene catturata, allo stesso modo, se prendiamo rifugio in Dio, tutto ciò che è propizio ci verrà incontro. Di solito ci affidiamo al Signore per ottenere benefici materiali, ma se riusciamo a vivere vedendo il Signore in ogni cosa, considerando tutto come la Sua volontà, prospereremo non solo materialmente, ma anche spiritualmente. Nella nostra vita troveremo pace e appagamento. Una serie di zeri non ha alcun valore, ma se vi poniamo il numero "1" davanti, gli zeri acquisiranno improvvisamente enorme valore. Allo stesso modo, l'unica verità che conferisce valore a tutto è Dio: vediamo dunque il mondo come la manifestazione di Dio.

Molte feste sono un'espressione dell'aspirazione umana a un futuro migliore. Oggigiorno, l'umanità desidera solo il cambiamento esteriore, ma nessun cambiamento nel mondo esteriore potrà mai essere duraturo. Oltretutto, un tale cambiamento genera spesso più dolore che felicità. Quindi, mentre cerchiamo di cambiare la situazione esterna, sforziamoci anche di trasformare il nostro stato interiore. Non è poi tanto difficile. In realtà, sono le nostre azioni e il nostro atteggiamento che rendono questo mondo bello o brutto.

Un giorno Dio si recò in visita all'inferno. Tutti i suoi abitanti cominciarono a lamentarsi con Lui dicendo: "Signore, Tu sei molto parziale. Da anni viviamo in questo inferno lurido e puzzolente, mentre chi abita nell'Eden vive in paradiso. Ti sembra giusto? Non potremmo scambiarci i posti almeno per un po'?".

Dio acconsentì alla loro preghiera. Gli abitanti del paradiso andarono a vivere nell'inferno e quelli dell'inferno in paradiso. Dopo cinque o sei mesi, Dio visitò nuovamente l'inferno. Ciò che vide aveva dell'incredibile: c'erano alberi e fiori ovunque, i marciapiedi e le strade erano puliti, la gente cantava lodi a Dio e danzava. Ovunque regnava la gioia.

Poi Dio si recò in quello che era stato il paradiso. Che scena patetica! I campi erano aridi e le piante avvizzite. Non c'era un solo fiore e le strade erano piene di rifiuti, pozze di urina e mucchi di feci umane. Le persone usavano un linguaggio volgare e continuavano a litigare. In breve, quello che era stato il paradiso era diventato un inferno.

Figli, questa è la realtà della vita: siamo noi a creare il paradiso e l'inferno. Dovremmo imparare ad accettare la gioia e il dolore con equanimità e sforzarci di coltivare, almeno in una certa misura, il distacco. Non dovremmo né crollare di fronte alle difficoltà né danzare egoisticamente di gioia quando arriva il successo. Se non pratichiamo il non attaccamento, esauriremo velocemente le nostre forze. Alcune persone cadono in una tale depressione che giungono a togliersi la vita. Quando attribuiamo troppa importanza al successo materiale, la vita perde il suo splendore. Se ci concentriamo maggiormente sul ricordo di Dio e sul progresso spirituale, allora i piccoli alti e bassi della vita non avranno più così tanta importanza e i nostri cuori gusteranno sempre più la vera beatitudine eterna.

Quando celebriamo una festa religiosa, focalizziamoci sui principi che ci insegna più che sulle manifestazioni esteriori. Assorbiamo questi principi e integriamoli nella nostra vita. Possa la grazia aiutare i miei figli a raggiungere questo obiettivo.

Navaratri dovrebbe insegnarci l'umiltà

Figli, Vijayadasami è il giorno sacro in cui i bambini più piccoli vengono guidati dalla mano del guru a scrivere le prime lettere dell'alfabeto; tale festa rappresenta anche la perfezione e la totalità dell'adorazione di Shakti, l'energia femminile divina, praticata durante tutti i nove giorni di Navaratri. A Vijayadasami, i bambini entrano nel mondo della conoscenza scrivendo "*hari-sri*" con la benedizione di Sarasvati, la dea della conoscenza. In questo giorno possono ricevere la conoscenza perché affidano l'indice nelle mani del guru. L'indice simboleggia l'ego, è il dito che indica i difetti e gli errori altrui. Affidando l'indice al guru, il bambino gli affida simbolicamente il proprio ego.

Quando si acquisisce la vera conoscenza si è naturalmente umili, si vede ciò che è buono in ogni persona e si accettano tutti con rispetto e reverenza. Solo l'ego è una nostra creazione; tutto il resto è la creazione di Dio. È questo ego che bisogna abbandonare a Dio.

A Vijayadasami, sia il colto che l'illetterato iniziano un nuovo percorso verso la conoscenza scrivendo *hari-sri*. La conoscenza raggiunge la perfezione quando, avendo riconosciuto il limite del proprio livello di conoscenza, si ha un atteggiamento umile, pensando: "Ho ancora tanto da conoscere e da imparare". Allora, acquisire nuove conoscenze ci riempie d'entusiasmo. Vijayadasami ci ricorda che nella vita non bisogna perdere l'umiltà e l'entusiasmo e che dovremmo mantenere un atteggiamento di abbandono.

Nel giorno di Durgashtami, i libri, gli strumenti musicali e quelli di lavoro vengono deposti sull'altare per l'adorazione. Ci verranno restituiti a Vijayadasami. Questo rito simboleggia l'offerta della nostra stessa vita a Dio e il riceverla di nuovo come una Sua benedizione. Vijayadasami è il simbolo di un nuovo inizio nella vita e del rinnovato proposito di ricordarsi di Dio.

Ogni volta che abbiamo successo, diciamo: "È tutto merito mio!", ma quando subiamo una sconfitta, diciamo che Dio ci ha puniti. Non dovremmo comportarci così, ma tenere presente che è Dio a compiere ogni cosa e che "Io sono solo uno strumento nelle Sue mani". Navaratri ci porta a risvegliare in noi questa consapevolezza, la coscienza che ogni successo nella vita è dovuto alle benedizioni e al potere divino. Non facciamo di un nostro successo motivo di orgoglio personale. Ricordarsi di Dio e abbandonarsi a Lui rendono benedetta la nostra vita.

Navaratri ci insegna l'importanza, molto più grande di tutte le nostre realizzazioni materiali, di progredire passo dopo passo sul sentiero della devozione per giungere alla liberazione. Eliminando le impurità mentali e distruggendo l'ego di chi fa della realizzazione di Dio lo scopo della sua vita, la Madre Divina risveglia la nostra conoscenza spirituale interiore.

A Natale, offrite l'amore come dono

Figli, il periodo del Natale risveglia le vibrazioni della bontà, della compassione e della speranza nei cuori della gente. Il Natale ci ricorda che il nostro cuore dev'essere pieno d'amore per Dio e per gli altri; ci ricorda di abbandonare i sentimenti egoistici e l'odio seguendo l'esempio dei *Mahatma* come Cristo che hanno dimostrato tale bontà nella loro vita.

Il Natale è anche il periodo per risanare le nostre relazioni con gli altri. Purtroppo, le persone sviluppano spesso sentimenti negativi verso i propri parenti, amici e colleghi. La maggior parte delle volte, tali sentimenti nascono perché costoro hanno disatteso le nostre aspettative o per una nostra errata comprensione degli altri. In effetti, la nostra comprensione degli altri, giusta o sbagliata, si basa sulla nostra cultura e sulle esperienze personali. Un ladro pensa che tutti cerchino in qualche modo di derubarlo!

Tornando a casa dal lavoro, una donna vide la figlia con una mela in ogni mano. "Tesoro, posso averne una?", le chiese molto affettuosamente.

La figlia la guardò e poi diede un morso alla mela che aveva nella mano destra. Subito dopo fece lo stesso con l'altra mela! Il viso della madre si rabbuiò sebbene cercasse di nascondere la sua delusione, ma dopo qualche istante la figlia le offrì la mela che aveva nella mano destra dicendo: "Mamma, prendi questa. È la più dolce!".

La madre non era stata capace di riconoscere l'amore innocente della figlia. Questa storia ci ricorda fino a che punto possiamo sbagliare quando giudichiamo gli altri in base alla nostra comprensione limitata.

Per quanta esperienza o conoscenza possiamo aver maturato, non dovremmo mai criticare o insultare gli altri basandoci su conclusioni affrettate. Dovremmo avere la bontà di ascoltarli e comprendere il loro punto di vista. Anche se pensiamo che qualcuno abbia compiuto il crimine più odioso, diamogli l'opportunità di spiegarsi perché forse la nostra comprensione della situazione era sbagliata.

Tutti sono felici di offrire o ricevere regali a Natale, anche se i più bei regali non sono quelli che acquistiamo in un negozio. I regali migliori sono rinunciare alle nostre cattive abitudini e trattare la famiglia, gli amici e i colleghi con amore e rispetto. È attraverso questi cambiamenti positivi che il vero spirito del Natale dovrebbe splendere nelle nostre vite.

Shivaratri ci insegna a immergerci in Dio

Figli, le feste nei templi, le celebrazioni e i gruppi di preghiera hanno un ruolo importante: ci inducono ad orientarci verso Dio. Quando molte persone si riuniscono, pregano e ricordano insieme Dio, creano buone vibrazioni. Quando si prega da soli, potrebbe essere difficile vincere le vibrazioni negative presenti nell'atmosfera. Grazie ai gruppi di preghiera, l'atmosfera stessa diventa favorevole a concentrarsi su Dio. In tal modo si rafforza la cultura della spiritualità in ognuno.

Il vero obiettivo delle celebrazioni nei templi è creare una solida base che ci permetta di pensare e adorare Dio anche quando, dopo pochi giorni, lo svolgimento dei rituali sarà finito. Shivaratri è una festività di rilievo: ci ricorda l'importanza di liberarci dei pensieri negativi e di immergerci nel pensiero di Dio. Ci rammenta inoltre che bisogna continuare a perseguire lo scopo supremo della vita umana.

Shivaratri è una festa all'insegna della rinuncia e delle austerità. Solitamente si digiuna durante il giorno e la notte si veglia cantando *bhajan*. La maggior parte delle persone non è pronta a privarsi del cibo o del sonno. Ciò nonostante, Shivaratri incoraggia persino i meno praticanti a risvegliare interiormente l'amore per Dio, suscita in loro il desiderio di fare a meno del cibo e del sonno e di trascorrere questo tempo meditando e cantando *bhajan*.

Una sera, una *gopika* si recò a casa di Nandagopa in cerca del fuoco per accendere la sua lampada ad olio. Sperava anche di vedere il piccolo Krishna. Entrando nella casa, affusolò lo stoppino e lo avvicinò alla fiamma della lampada della casa. Proprio in quell'istante i suoi occhi si posarono sul piccolo Krishna nella culla. La sua attenzione fu interamente su di Lui, inconsapevole che la fiamma stava cominciando a bruciarle le dita.

Dopo un po', non vedendo la figlia tornare, la madre della *gopika* andò da Nandagopa a cercarla. E ciò che vide fu davvero singolare: la figlia era così assorta nel guardare il piccolo Krishna che invece di posare lo stoppino acceso nella lampada, lo teneva ancora fra le dita. Lanciandosi verso di lei, glielo tolse di mano e gridò. "Figlia mia, cosa stai facendo?".

Solo allora la *gopika* riprese consapevolezza del mondo esterno. Nel vedere Krishna, aveva dimenticato tutto il resto e nell'estasi della devozione non sentiva nessun dolore. Questa storia ci insegna che, se sviluppiamo amore verso un obiettivo più alto, acquisiremo la forza per superare tutte le debolezze fisiche e mentali.

Possiamo noi, attraverso l'osservanza dei rituali di Shivaratri, coltivare l'amore per Dio e divenire ricettacoli perfetti della grazia e delle benedizioni del Signore Shiva, che è l'incarnazione della rinuncia, delle austerità e della conoscenza!

Adorare Krishna è diventare Krishna

Il Signore Krishna visse circa 5.000 anni fa. Il fatto che ancora oggi si continui a ricordarLo e ad adorarLo testimonia la Sua grandezza. Adorare il Signore Krishna è diventare Sri Krishna. La Sua vita dovrebbe servire da modello alle nostre vite. La forma del Signore Krishna è estremamente bella, ma questa bellezza non è limitata solo all'aspetto fisico perché è l'immortale bellezza del cuore.

Moksha, la liberazione dalla sofferenza, non è uno stato raggiungibile dopo la morte, in qualche altro mondo, ma è qualcosa che bisogna comprendere e sperimentare mentre si vive qui, in questo mondo. Il Signore Krishna ha insegnato questo principio con la Sua vita. La storia della Sua vita ci insegna il senso della vita in questo mondo e come bisognerebbe viverla. Il Signore Krishna era un *Mahaguru* che celebrava con entusiasmo persino i fallimenti. Vivere facendo sorridere e non facendo piangere gli altri è la lezione che ci ha trasmesso lungo tutta la Sua vita. Il Signore Krishna è l'auriga che conduce il nostro carro verso la beatitudine.

In genere, le persone traggono un certo piacere dalle sofferenze altrui, ma la beatitudine interiore del Signore Krishna si esprimeva nel riso che, traboccando dalla pienezza del Suo cuore, inondava il mondo. Ecco perché, persino nella sconfitta sul campo di battaglia, il sorriso non abbandonò mai il Suo volto. In tal modo, ci ricorda di sorridere alle nostre follie ed insuccessi.

Il Signore Krishna è un modello da seguire per tutti noi, a prescindere dal nostro campo di azione. Lui viveva sia con i re che con la gente comune. Sebbene fosse nato principe, badò alle mucche, fu l'auriga di un carro, lavò i piedi delle persone e svolse perfino lavori umili come ritirare i piatti di foglie di palma dopo un banchetto. Fu persino disposto a recarsi come messaggero di pace dai malvagi.

Era un rivoluzionario che levò la voce contro pratiche ingiuste. Scoraggiò le persone dall'offrire preghiere a Indra per ottenere la pioggia suggerendo loro di adorare la collina Govardhana e spiegò che in realtà erano quelle colline a bloccare le nuvole cariche di pioggia. Le prime lezioni di protezione dell'ambiente ci sono state impartite dal Signore Krishna. Ancora oggi dobbiamo cercare di proteggere la natura e contribuire a mantenere l'armonia nel mondo che ci circonda. Quando l'armonia della natura è disturbata, anche le relazioni tra gli esseri umani diventano disarmoniche.

La maggior parte di noi si perde d'animo e si lascia andare alla pigrizia se non gli viene assegnato il compito che desidera. Dobbiamo essere in grado di svolgere ogni genere di lavoro con gioia e contentezza. Sforziamoci di emulare l'entusiasmo e la pazienza dimostrati dal Signore Krishna. Nella vita le circostanze non sono sempre favorevoli. Ciò nonostante, adempiamo ai nostri doveri con entusiasmo. Poco importa i compiti che state svolgendo. Qualunque essi siano, assumete l'atteggiamento interiore del testimone. Questo è il significato del sorriso del Signore Krishna. Questo è il principio racchiuso nel cuore del Suo messaggio al mondo.

L'amore

Salite fino in cima alla scala dell'amore

Figli, su questa Terra, la cosa a cui anela la maggior parte delle persone è l'amore. Si cerca di fare amicizie, ci si sposa e si conduce una vita di famiglia alla ricerca dell'amore. Purtroppo, l'amore è proprio ciò che manca di più ai giorni nostri perché tutti desiderano riceverlo ma nessuno vuole donarlo. E anche quando lo si dona, l'amore viene accompagnato da un sacco di aspettative e condizioni. Queste relazioni cosiddette "amorose" possono andare in frantumi in qualsiasi momento e l'amore può trasformarsi in odio ed ostilità. Questa è la natura del mondo. Una volta compresa questa verità, cesseremo di soffrire. Il calore e la luce fanno parte della natura del fuoco; non possiamo pensare al fuoco privo di uno di questi due attributi. Allo stesso modo, quando accetteremo l'idea che c'è sempre un po' di dolore nell'amore di questo mondo, saremo capaci di accettare qualsiasi cosa con equanimità.

L'amore puro è presente in ognuno di noi, così come la capacità di amare tutti senza aspettative. Essendo l'amore la nostra vera natura, non possiamo perderlo. Una pietra preziosa immersa nell'olio sembra aver smarrito tutta la sua brillantezza, ma può riacquistare il suo splendore: bisogna solo pulirla. Allo stesso modo, possiamo sintonizzarci con la forma di amore più pura eliminando le nostre impurità mentali.

L'amore è una scala composta da molti gradini. Oggigiorno, la maggior parte di noi si trova su quello più basso. Non dovremmo rimanerci per il resto della vita, ma usare ogni gradino come punto d'appoggio per salire su quello successivo finché non raggiungeremo il livello più alto d'amore. Questo amore è lo scopo supremo della vita.

Comunemente diciamo: "Ti amo", ma questa espressione non è corretta. La verità è che "Io sono amore", oppure, "Io sono l'incarnazione dell'amore". Quando diciamo "Io ti amo," c'è un "Io" e un "tu", c'è separazione. Intrappolato tra questo "io" e questo "tu", l'amore soffoca e finisce per morire.

Cercare di amare mantenendo l'atteggiamento di "tu" ed "io" è paragonabile a un piccolo serpente che cerca d'inghiottire una rana molto grande. Entrambi soffrono. Quando invece l'amore viene espresso senza alcuna aspettativa non c'è sofferenza. Il nostro amore disinteressato favorisce il risveglio dell'amore disinteressato negli altri e così le nostre vite diventano piene d'amore e di gioia. Quando comprenderemo: "Io sono l'incarnazione dell'amore," non potremo più avere aspettative o desideri egoistici. Come un fiume che scorre senza sosta, così le nostre vite si trasformano in amore puro che fluisce verso tutti. Allora doneremo al mondo solo cose buone. Che tutti noi possiamo raggiungere il piano supremo in cui dimora l'amore puro!

L'amore rende divina la nostra vita

Figli, molti di noi instaurano rapporti con gli altri basandoli su profitti e perdite. Mentre siamo impegnati ad acquisire ricchezze, dimentichiamo spesso la ricchezza dell'amore. L'amore è la ricchezza che rende divine le nostre vite. L'amore è il vero tesoro dell'esistenza.

Nella creazione di Dio, vi sono molte creature che hanno la grazia d'incantare e dare gioia agli altri. Per esempio, la bellezza delle farfalle, il profumo dei fiori e la dolcezza del miele attraggono tutti e diffondono gioia.

Questa bellezza, fragranza e dolcezza provengono dall'interno e non dall'esterno. Ma che ne è della creatura più divina che chiamiamo essere umano? Se vuole avere un buon profumo, deve spruzzarsi il corpo di profumo e, se vuole essere bello, deve indossare begli abiti e agghindarsi. Ciò nonostante, ciò che si trova nel corpo umano sono solo impurità nauseabonde. Se però ci sforziamo, possiamo diffondere gioia, conforto ed energia positiva tra gli altri attraverso buoni pensieri, parole amorevoli, una natura allegra e azioni disinteressate.

Questa vita può terminare in qualsiasi momento. L'esserne consapevoli ci aiuta ad avere una visione corretta. Così, anche quando ci troveremo faccia a faccia con la morte, la affronteremo felici.

A volte i medici dicono a qualcuno con una malattia grave come il cancro che ha solo dai tre ai sei mesi di vita. In quel momento, nel vedere la morte davanti a sé, il malato capisce che nessun bene materiale o fama lo accompagnerà nell'aldilà e che l'unica sua salvezza è in Dio. Questa presa di coscienza produce un grande cambiamento interiore: il suo cuore si apre e l'amore che prova include tutti gli esseri; desidera inoltre perdonare chi lo ha ferito e cerca il perdono di chi ha ferito.

Alcune persone che si sono trovate in questa situazione hanno detto ad Amma: "Amma, per i pochi giorni che mi restano, voglio vivere amando tutti. Non sono stato capace di amare veramente mia moglie e i miei figli. Ora voglio donare loro tanto amore. Voglio amare chi mi ha odiato e chi ho odiato. Non solo, ho anche ferito molte persone e voglio domandare loro perdono".

Tutti noi abbiamo la capacità di amare e di perdonare gli altri in questo modo, non dobbiamo aspettare che la morte bussi alla nostra porta. Se cominciamo già da oggi, riusciremo a risvegliare in noi questo atteggiamento.

Non sono la ricchezza o la fama ma l'amore, la compassione e l'attenzione nei confronti degli altri a rendere la nostra vita divina. Oggigiorno, il genere umano ha bisogno di realizzare proprio questo.

La natura del guru

Per accedere alla scienza più sottile è necessario un maestro

Che si tratti di arte, scienza, storia o di cucinare un buon piatto o persino di allacciare le stringhe delle scarpe, non è possibile imparare senza un maestro. La spiritualità è una scienza, la scienza che si occupa del Sé interiore. In quanto tale, è la più sottile di tutte. Se è necessario un insegnante per imparare tutte le scienze relative alla materia, che sono più grossolane, cosa dire allora della spiritualità, che è la più sottile?

In effetti, una persona non sceglie realmente il guru: la relazione accade spontaneamente, addirittura più spontaneamente dell'innamoramento. Tuttavia, affinché ci sia un guru, dev'esserci prima un discepolo. Una volta che il discepolo è pronto, il guru, semplicemente, appare.

Un *Sadguru*, un vero maestro, è completamente privo di ego e, in quanto tale, non rivendica nulla. Il *Sadguru* è la quintessenza dell'amore puro, della compassione e dell'abnegazione. È più umile dei più umili e più semplice dei più semplici. In realtà, in una vera relazione guru-discepolo, grazie all'umiltà straordinaria del guru, sarà difficile notare la differenza tra i due. Avendo trasceso completamente la sensazione di avere un'individualità separata e ogni attrazione e avversione, il *Sadguru* non ha alcuna pretesa. Un tale maestro vede solo il Divino, il Sé che brilla di luce propria, la pura consapevolezza, in ogni cosa.

Un giorno, l'Oscurità si avvicinò a Dio e disse: "Non ho mai fatto nulla per danneggiare il Sole, ma lui mi perseguita. Ovunque vada, mi raggiunge e io devo fuggire. Non ho un attimo di riposo. Non voglio lamentarmi, ma c'è un limite a tutto! Per quanto tempo dovrà andare ancora avanti questa storia?".

Dio mandò immediatamente a chiamare il Sole e gli chiese: "Perché perseguiti la povera Oscurità?".

Il Sole replicò: "Di cosa stai parlando? Non ho mai incontrato nessuno che si chiami Oscurità".

Com'era prevedibile, Dio si guardò intorno e l'Oscurità non c'era più. Era scomparsa. Il Sole aggiunse: "Quando riuscirai a portare dinanzi a me l'Oscurità, sarò pronto a scusarmi o a fare qualsiasi cosa dirai. Forse l'ho ferita senza saperlo, ma lasciami almeno vedere chi è che si lamenta di me".

Dicono che il contenzioso tra l'Oscurità e il Sole sia ancora aperto. Al momento, Dio non è ancora riuscito a portare entrambe le parti dinanzi a Lui. A volte arriva l'Oscurità, altre il Sole, ma mai tutti e due nello stesso momento. Finché non saranno presenti entrambi, il caso non potrà essere dibattuto.

Come può l'Oscurità presentarsi dinanzi al Sole? L'Oscurità non ha esistenza propria, è solo assenza di luce. Quindi, dove la luce è presente, non può esistere la sua assenza.

A noi che non abbiamo un modello di riferimento rispetto alla spiritualità, il guru fornisce le istruzioni, le indicazioni e la chiarezza necessarie per consentirci di comprendere e assimilare i principi spirituali nella loro forma più semplice e pura.

La spiritualità e il pensiero spirituale sono l'esatto opposto della vita mondana e del pensiero materialistico. Così, cosa accade quando giungiamo alla vita spirituale con i nostri vecchi modi di pensare? Falliamo e impieghiamo tempo per comprendere. Tuttavia, il guru è paziente: spiegherà e dimostrerà, spiegherà e dimostrerà, spiegherà e dimostrerà ancora ed ancora finché non avremo realmente capito. Se si vuole imparare una lingua straniera, il modo migliore è vivere con una persona madrelingua. Il guru è colui la cui lingua madre è la spiritualità, la realizzazione del Sé. Il guru ci conduce dal mondo conosciuto delle differenze al mondo sconosciuto dell'unità.

Un *Sadguru* è stabilito nell'unione completa con il Supremo. Pertanto, vede il Divino ovunque. Quando guarda il discepolo, vede la bellezza divina che giace assopita in lui. Come uno scultore che vede la bellissima statua rinchiusa nella pietra e lavora di scalpello sugli angoli aguzzi per liberare questa magnifica statua, così il guru opera sulle debolezze e sui limiti del discepolo per aiutarlo a realizzare il suo vero Sé.

Nel vero abbandono non ci sono pensieri perché la mente è stata trascesa. Ciò che al momento chiamiamo "abbandono", è un semplice interrogarsi se abbandonarsi o no. In altre parole, quando un discepolo segue l'addestramento di un *Sadguru*, il conflitto mentale e la lotta interiore sono ancora presenti. È solo quando perviene allo stato finale dell'abbandono di sé che il conflitto cessa e ha luogo la realizzazione. L'abbandono di sé non è qualcosa che "facciamo", ma qualcosa che "accade". È un atteggiamento che abbraccia ogni aspetto della vita del discepolo.

La parola "abbandono" suscita di solito molta paura. Udendola, temiamo che nell'abbandonarci perderemo ogni cosa, ma in realtà il vero abbandono ci apporta maggiore chiarezza, amore, compassione, successo e più di ciò che è buono bello e saggio. L'abbandono di sé è come il seme che si spoglia del suo guscio per diventare un albero.

I Mahatma si abbassano al nostro livello per elevarci

Figli, la spiritualità è la conoscenza del Sé, il riconoscimento della nostra vera natura. Se un re non è in grado di riconoscere di essere il re, allora la sua regalità non serve a nulla. Se un mendicante non è consapevole che sotto la sua capanna giace un tesoro inestimabile, continuerà a vivere da mendicante. La maggior parte delle persone si trovano in uno stato simile e così, nel loro desiderio di acquisire benessere e ricchezze, feriscono se stesse e gli altri. Arrivano perfino a distruggere la natura. Se vogliamo elevarle moralmente, dobbiamo scendere al loro livello.

Un giorno, un mago vestito in modo eccentrico giunse in un villaggio. Gli abitanti iniziarono a prenderlo in giro. Dopo un po' il mago pensò che avessero superato ogni limite e si arrabbiò. Prese della cenere, recitò un mantra e gettando la cenere nel pozzo del villaggio lanciò questa maledizione: chi avesse bevuto l'acqua del pozzo, sarebbe diventato pazzo. E questo fu proprio ciò che accadde. Ben presto tutti gli abitanti del villaggio persero il senno.

Tuttavia il capo del villaggio aveva il suo pozzo e fu il solo a restare sano di mente mentre gli altri erano divenuti folli. Dicevano qualsiasi cosa passasse loro per la testa, si mettevano a ballare e si comportavano in modo incoerente. A poco a poco però, notarono che il capo del villaggio non si comportava come loro e ne furono sorpresi. Giunsero alla conclusione che fosse lui il pazzo e decisero di catturarlo e di legarlo. Fu il caos totale. In qualche modo, l'uomo riuscì a fuggire. "Tutti gli abitanti hanno perso la ragione e non mi lasceranno stare se mi comporterò in modo diverso da loro. Se devo continuare a vivere qui ed elevare il loro livello di coscienza, l'unica soluzione è agire esattamente come loro. Per catturare un ladro potrebbe essere necessario comportarsi come un ladro", pensò. Con questa intenzione, si mise anche lui a danzare e ad agire in modo folle come tutti gli altri. Adesso gli abitanti del villaggio erano felici di vedere che il loro capo era rinsavito.

Pian piano, l'uomo li incoraggiò a scavare un altro pozzo e a berne l'acqua e finalmente tutti ritornarono normali.

I *Mahatma* sono come questo capo del villaggio: la gente può prenderli in giro e addirittura etichettarli come "pazzi". Tuttavia i *Mahatma*, che vedono la lode e l'insulto allo stesso modo, non se ne preoccupano. Scendono al livello delle persone e le aiutano ad elevarsi mostrando con l'esempio come servire e amare senza aspettative.

La spiritualità non è la fede cieca in Dio né una mera osservanza di rituali e tradizioni religiose: è un'unità di cuori. Solo quando la nostra religione diventerà spiritualità, la società poggerà sulle solide fondamenta del *dharma*, dei valori universali e dello spirito di servizio.

Il guru è l'incarnazione della verità suprema

Figli, alcuni pensano che abbandonarsi al guru sia una forma di asservimento, che voglia dire diventarne schiavi. Attualmente siamo come quel re che, avendo sognato una notte di essere un mendicante, cadde in depressione. Il guru ci sveglia dal sonno dell'ignoranza, la causa di tutte le nostre sofferenze.

Anche se abbiamo dimenticato una poesia appresa in gioventù, ascoltando qualcuno recitarne i primi versi ci tornerà in mente. Allo stesso modo, attualmente ci troviamo in uno stato di oblio, un oblio spirituale, e gli insegnamenti del guru hanno il potere di risvegliarci.

Ogni seme racchiude un albero, ma per farlo nascere bisogna innanzitutto interrarlo. Dopo aver rotto il guscio, il seme germoglierà. Analogamente, anche se noi siamo la Verità infinita, se la corazza dell'ego non si rompe, non faremo mai l'esperienza di questa realtà. Il guru è colui che crea le condizioni che favoriscono questo processo.

Per crescere e diventare un albero, un germoglio ha bisogno di un ambiente propizio. Va annaffiato quando occorre, fertilizzato al momento giusto e protetto dai parassiti. A livello spirituale, il guru agisce nello stesso modo con i discepoli: si prende cura di loro e li protegge da vari ostacoli e trappole.

Così come un filtro purifica l'acqua, il guru purifica la mente del discepolo eliminando l'ego. Al momento siamo costantemente schiavi dell'ego, non riusciamo ad esercitare il nostro discernimento e di conseguenza siamo incapaci di progredire nella vita.

Una notte, un ladro si stava introducendo in una casa quando i suoi abitanti si svegliarono e il ladro dovette fuggire. Le persone gridarono: "Al ladro! Al ladro!" e presto tantissima gente si mise ad inseguire il furfante. A questo punto, l'uomo ebbe un'idea: iniziò a gridare a sua volta "Al ladro! Al ladro!" e in tal modo riuscì a confondersi nella folla e a sfuggire alla cattura. Lo stesso accade con l'ego: per il discepolo, è difficile catturare e distruggere l'ego da solo. Dev'essere educato da un *Sadguru*.

Il guru cerca di rimuovere completamente l'ego del discepolo. Abbandonarsi al fine di seguire le indicazioni del guru non è un atto di schiavitù, bensì il cammino verso la libertà suprema e una felicità duratura.

L'unico obiettivo del maestro è liberare l'allievo da ogni sofferenza. Quando viene rimproverato, il discepolo potrebbe sentirsi un po' triste, ma il guru lo rimprovera con un solo scopo: sradicare ogni sua tendenza negativa e risvegliarlo al suo vero Sé. Durante questo processo, il discepolo andrà molto probabilmente incontro a una certa sofferenza emotiva. Tale dolore è paragonabile a quello che si prova quando un medico spreme una ferita per estrarne tutto il pus. Per farlo uscire completamente, il medico potrebbe persino incidere la ferita. Per un osservatore ignorante, questo gesto potrebbe sembrare crudele. Ma se per "empatia" con il paziente, il medico rinunciasse a farlo e si limitasse ad applicare una pomata sulla ferita, essa non guarirebbe mai.

Proprio come l'unico scopo del medico è rimuovere le impurità del corpo fisico, l'unico obiettivo del guru consiste nell'eliminare le negatività della mente.

In realtà, il guru non è un semplice individuo. È il *parama tattvam*, il principio supremo, l'incarnazione della verità, della rinuncia, dell'amore e del *dharma*. Alla presenza di un *Sadguru*, il discepolo è in grado di assorbire tutto ciò che il guru rappresenta e giungere alla liberazione. Tale è la grandezza della presenza del guru.

La nostra cultura

Rispettare gli anziani

Figli, uno degli aspetti più importanti della cultura indiana è il rispetto e l'obbedienza a genitori, insegnanti ed anziani. In passato, c'era la consuetudine di prostrarsi davanti ai genitori, alzarsi in piedi per rispetto quando entravano nella stanza e dare priorità ai bisogni di chi aveva più anni di noi. È triste notare che non abbiamo mantenuto queste consuetudini e che non siamo riusciti ad instillarle nelle generazioni successive.

Alcune persone chiedono: "Dare la precedenza ed ubbidire non è forse un segno di debolezza o di asservimento mentale?".

Figli, non pensate mai in questo modo, non è così. Queste consuetudini favoriscono l'armonia nelle famiglie e nella società. Per far funzionare correttamente una macchina dobbiamo occuparci della sua manutenzione, controllare il livello dell'olio e così via. In tal modo sarà sempre pronta per l'uso. Così, per evitare frizioni nei rapporti interpersonali e permettere alla società di progredire senza problemi, osserviamo buone abitudini come ubbidire e dare priorità ai bisogni degli anziani.

Nel rispettare le figure che rivestono un ruolo di autorità, stiamo, in effetti, proteggendo le leggi del Paese. Allo stesso modo, quando ubbidiamo e rispettiamo chi ha più anni di noi e possiede una conoscenza maggiore, stiamo in realtà onorando la ricchezza della loro esperienza. Il rispetto dello studente verso l'insegnante rivela il suo desiderio di apprendere. Tale atteggiamento lo aiuta a concentrarsi sulle parole dell'insegnante e ad assimilarne le lezioni. Inoltre, vedere l'umiltà dello studente e la sua curiosità toccano il cuore dell'insegnante, che s'impegnerà al massimo per trasmettere il suo sapere all'allievo. In realtà, chi beneficia maggiormente dal rispetto e dall'obbedienza è l'allievo.

Un uomo cercò ovunque una pietra rotonda e liscia da utilizzare per la *puja*. Si mise perfino a scalare una montagna senza riuscire a trovarne una. Mentre era in cima, frustrato, diede un calcio a un sasso che rotolò a valle. Quando l'uomo scese e arrivò ai piedi della montagna, vide improvvisamente una pietra meravigliosa, rotonda e liscia. Si trattava proprio della pietra a cui aveva dato un calcio che rotolando dalla cima della montagna, aveva cozzato contro altre pietre ed era stata smussata.

Allo stesso modo, solo quando abbandoniamo l'atteggiamento che consiste nell'affermare "io" e "mio" e siamo in grado di obbedire e vivere con semplicità, gli spigoli del nostro ego vengono limati. Solo allora la nostra mente diventa matura.

L'obbedienza non è mai un ostacolo alla libertà di pensiero né all'evoluzione. In ogni scoperta scientifica vi è la libertà di pensiero. Tale libertà tiene conto delle precedenti ricerche condotte da altri scienziati. In modo analogo, solo se ogni generazione assimila con umiltà e obbedienza i contributi di quella precedente, sarà possibile un vero progresso.

Ripristinare l'armonia della Natura

Figli, ogni cosa nell'universo ha un suo ritmo: il vento, la pioggia, le onde dell'oceano, il respiro, i battiti del nostro cuore. Ognuno di essi ha un proprio ritmo. Per la nostra salute fisica e mentale e per assicurarci una vita longeva, è essenziale preservarlo. I nostri pensieri e le nostre azioni creano il ritmo e la melodia della vita. Quando il ritmo dei nostri pensieri va perso, la sua mancanza si rifletterà presto sulle nostre azioni e prima o poi interferirà con il ritmo della Natura. La causa principale dei disastri naturali come gli tsunami, le frane e i terremoti è l'avere alterato l'armonia della Natura.

Un giorno un re uscì dal palazzo camuffato per partecipare ad una partita di caccia. Durante la battuta, rimase isolato dal resto del gruppo e si perse nella foresta. Stanco e affamato, giunse infine alla capanna di una famiglia tribale. I suoi abitanti non riconobbero il re e gli offrirono qualche frutto e delle bacche. Dopo aver morso un frutto, il re esclamò: "Ma quanto è amaro questo frutto!".

"Sì, è davvero un peccato", concordarono quelle persone, "Il nostro re è estremamente egoista, vizioso e libertino e ci costringe a pagare moltissime tasse. Nella sua crudeltà, chi non riesce a pagarle è condannato a morte. A causa dei suoi atti ingiusti (*adharmici*) persino i frutti per natura dolci, diventano amari".

Quando il re tornò a palazzo a notte fonda non poteva dimenticare quanto accaduto nella foresta. Pensando alla sofferenza che stava infliggendo ai suoi sudditi, fu preso dal rimorso. Decise così di consacrare il resto della sua vita a servire con sincerità il suo popolo. Ben presto fece ridurre drasticamente le tasse e fondò numerose opere caritatevoli ed umanitarie.

Qualche anno più tardi, il re si camuffò di nuovo e fece visita alla vecchia capanna nella foresta. La famiglia tribale gli offrì nuovamente un po' di frutta. Questa volta ogni frutto era dolce. Il re chiese alla famiglia la ragione del cambiamento. "Il nostro sovrano è completamente cambiato," risposero, "Ora governa saggiamente il regno e tutti sono felici e contenti. Anche la Natura è rimasta influenzata dalle sue buone azioni. Ecco perché i frutti sono così dolci".

Qual è il messaggio contenuto in questa storia? Le azioni dell'uomo hanno un impatto sulla Natura. Se le sue azioni sono ingiuste (*adharmiche*), creano disarmonia anche nella Natura. Se le sue azioni sono giuste (*dharmiche*), l'armonia della Natura si ristabilisce spontaneamente.

Ai nostri giorni molte persone sfruttano in modo eccessivo la Natura ed è per questo che essa sta perdendo il suo ritmo. I disastri naturali sono sempre più frequenti. Persino le famiglie piccole desiderano vivere in case grandi. Due locali sono sufficienti per due persone. Tutt'al più si possono usare uno o due locali supplementari. Molti però costruiscono dimore di dieci o quindici locali. Per realizzarle, si radono al suolo le colline, si fanno esplodere le montagne e vengono scavati pozzi profondi. Queste persone non ci pensano due volte a sfruttare la Natura per soddisfare i loro bisogni egoistici.

Se prestassimo un po' più d'attenzione, potremmo far cessare lo sfruttamento eccessivo delle risorse naturali. In questo Paese, milioni di persone vanno al lavoro in auto da sole. Se mille persone formassero gruppetti di cinque e condividessero un'auto per andare al lavoro, sarebbero sufficienti 200 macchine invece di 1.000 per trasportarle. Immaginate il guadagno! Il traffico diminuirebbe significativamente e così pure gli incidenti stradali. L'inquinamento si ridurrebbe e potremmo risparmiare sul consumo e sui costi del carburante. Inoltre, meno traffico significa risparmio di tempo per i pendolari.

Il comportamento insensato dell'uomo fa pensare al boscaiolo sciocco che cercò di tagliare il ramo su cui era seduto. È di vitale importanza cambiare il nostro atteggiamento. Proteggere la Natura non è un dovere dell'uomo nei confronti della Natura, ma un dovere dell'uomo verso se stesso. L'umanità dipende dalla Natura per la sua stessa esistenza. La vita ritrova la pace quando l'uomo e la Natura si muovono mano nella mano, in armonia. Quando melodia e ritmo si completano a vicenda, la musica diventa bella e piacevole da ascoltare. Allo stesso modo, quando le persone vivono in accordo con le leggi della Natura, la vita diventa un bellissimo canto.

Accogliere gli "ospiti inaspettati"

Figli, la nostra cultura ci insegna a considerare gli *atithi*, gli ospiti inaspettati, come se fossero Dio. L'espressione "ospiti inaspettati" non si riferisce solo alle persone, ma anche ad ogni imprevisto. Prepariamoci quindi ad accogliere tutte le circostanze che si presentano come ospiti, onorandole e ricevendole con gioia.

Nel gioco degli scacchi, se muoviamo i pezzi solo in avanti non vinceremo. Talvolta dobbiamo tatticamente farne retrocedere alcuni. Allo stesso modo, quando subiamo un insuccesso, assimiliamo le lezioni da quella esperienza e poi utilizziamo la conoscenza appena acquisita per andare avanti.

Quando veniamo sconfitti, dobbiamo stare attenti a contestualizzare e a non perdere anche la nostra forza mentale e la fiducia interiore. Restiamo inoltre persone di buon cuore e manteniamo uno spirito di servizio.

Gli studenti di un Management Institute parteciparono un giorno a dei colloqui di lavoro nel loro campus universitario. Al termine delle interviste, gli studenti tornarono nelle loro stanze.

I pochi giovani selezionati erano molto felici, gli altri tristi. Uno dei ragazzi non scelti rimase seduto a godersi la fresca brezza nella sala dei colloqui in cui le sedie erano ancora sparse qua e là. Vedendole, il giovane decise di rimetterle in ordine.

Mentre lo faceva, notò qualcuno sulla porta che lo stava osservando: era uno degli esaminatori. L'azione dello studente aveva attratto la sua attenzione. Invece di abbattersi per l'insuccesso, il ragazzo non si era scomposto e aveva mantenuto un senso di responsabilità sociale. Nel vedere il suo comportamento, l'intervistatore provò stima per lui, lo chiamò e gli offrì un impiego ben retribuito.

Fu l'incrollabile senso civico e la presenza di spirito del ragazzo che indussero l'esaminatore ad offrirgli quel posto. Il giovane non si era abbattuto per non aver ottenuto un impiego. Al contrario, aveva pensato a quello che poteva fare nel momento presente.

Non toccava a lui mettere in ordine la stanza; ciò nonostante non aveva pensato: "Questo non è un compito mio, lo faccia qualcun altro". Anche se non era un compito suo, lo svolse scrupolosamente e questo nobile comportamento gli procurò la vittoria.

Non tutti coloro che si comportano come quel ragazzo sono vittoriosi, ma la legge ineluttabile dell'universo fa sì che, chi compie buone azioni, sicuramente ne raccoglierà i frutti. Se non oggi, domani.

Una luce nel buio

Figli, la condizione attuale del mondo è molto triste: da un lato, vediamo aumentare il terrorismo e gli attacchi terroristici, dall'altra, l'egoismo e l'avidità dell'uomo sono la causa di disastri naturali sempre più frequenti. Ciò nonostante, perfino in queste circostanze possiamo intravedere qua e là raggi di speranza. C'è gente che cerca a tutti i costi di aiutare chi soffre e patisce la fame. Queste persone sono esempi da seguire perché i loro cuori colmi di compassione risvegliano in noi la speranza di un futuro migliore.

Amma ricorda un fatto accaduto anni fa durante un tour all'estero. Durante il darshan, un ragazzino tredicenne le diede una piccola busta.

"Cos'è?", chiese Amma prendendolo tra le braccia.

Il fanciullo rispose: "Sono 300 euro".

"Dove li hai presi, figlio?"

"Ho partecipato a una gara di flauto e ho vinto il primo premio. Questo denaro è il premio. Amma si prende cura di molti orfani e questi soldi li aiuteranno in un modo o nell'altro".

Nel sentire le sue parole e nel vedere il suo cuore sincero, Amma disse, con le lacrime agli occhi: "Figlio, oggi la tua bontà ha riempito il cuore di Amma. Le persone come te sono la vera ricchezza di Amma".

Ma la storia non finisce qui. La sorellina del ragazzo era molto triste: anche lei avrebbe desiderato fare qualcosa per i poveri, proprio come il fratello. Due settimane dopo, i due bambini ritornarono a vedere Amma. Al momento del darshan, la piccola diede ad Amma una busta.

"Figlia, cosa c'è in questa busta?" domandò Amma.

La madre rispose: "La scorsa settimana era il suo compleanno e per l'occasione il nonno le ha dato dieci euro. Da allora mia figlia ha solo questo desiderio: dare questo denaro ad Amma affinché compri dei cioccolatini per gli orfani".

Nell'ascoltarla, Amma abbracciò questa bimba deliziosa e la baciò.

"Mia figlia non vuole mangiare il gelato e il cioccolato?" chiese Amma.

La bambina scosse il capo: "No".

"Perché no?" chiese Amma.

La piccola rispose: "Io posso mangiare il gelato e il cioccolato sempre, ma ci sono tanti bambini che non hanno il denaro per comprarli, giusto? Amma deve prendere questo denaro per comprare loro dei cioccolatini".

Il gesto altruistico del fratello era diventato un modello da seguire per la sorellina. Possano questi giovani cuori colmi di compassione essere un esempio per tutti noi.

Il cambiamento deve iniziare all'interno. Una volta che il cambiamento è avvenuto a livello individuale, vi saranno cambiamenti anche nelle famiglie e in tal modo la società intera progredirà.

Così, sforziamoci innanzitutto di cambiare noi stessi e assicuriamoci che le nostre azioni siano di esempio agli altri.

Pratiche spirituali e scienza vedica

Il samadhi

Figli, il metodo più semplice e più scientifico per aiutare la nostra mente a raggiungere la concentrazione è la meditazione. Quando la mente del meditante è completamente focalizzata, entra in uno stato conosciuto come *samadhi*. La mente è un flusso costante di pensieri. Il *samadhi* è lo stato in cui tutti i pensieri svaniscono, ogni desiderio è stato controllato e la mente diventa perfettamente immobile. Nel *samadhi*, la mente si immerge nella pura coscienza, o pura consapevolezza, che ne è il fondamento. Si tratta di un'esperienza di suprema pace e beatitudine.

Un giorno la dea Parvati disse al Signore Shiva: "Mi sento sola quando giri per il mondo chiedendo l'elemosina. Poiché dimori stabilmente nello stato di *samadhi*, probabilmente non senti la tristezza della nostra separazione, ma per me la cosa è diversa. Non riesco a sopportare questa separazione e quindi Ti prego di insegnarmi come entrare in *samadhi*. In tal modo non sentirò così tanto la tua mancanza".

Il Signore Shiva le chiese di sedere nella posizione del loto, di chiudere gli occhi e di volgere lo sguardo all'interno. La Dea (Devi) venne assorbita nella meditazione. A quel punto, il Signore Shiva le chiese: "Che cosa stai vedendo?".

"Vedo la Tua forma nell'occhio della mia mente".

"Vai oltre quella forma: che cosa vedi?".

"Una luce divina", disse Parvati.

"Vai ancora oltre, cosa percepisci ora?".

"Soltanto un suono", rispose Devi.

"Vai ancora oltre. Qual è ora la tua esperienza?".

Non ci fu risposta. L'individualità di Devi era stata totalmente assorbita fino a scomparire. Parvati si era completamente immersa nel Signore Shiva e non c'era più nessun individuo che potesse rispondere. La Dea aveva raggiunto l'unione eterna, indivisibile, con il suo Signore, era approdata al regno del puro amore dove la mente, le parole, le idee e i pensieri non hanno accesso.

Ci sono diversi tipi di *samadhi*. Nella meditazione profonda si può sperimentare una momentanea dissoluzione della mente in cui si percepiscono la pace e la beatitudine, ma questa esperienza non permane. Al termine della meditazione, i pensieri sorgono di nuovo. Per contro, un maestro illuminato è costantemente in *samadhi*, persino quando è impegnato nel mondo. Questo è lo stato di *sahaja samadhi*.

Nel *sahaja samadhi* esiste solo la beatitudine, non ci sono né la tristezza né la felicità. Non ci sono né l'io né il tu. La mente è perennemente nello stato di realizzazione del Sé. Il *sahaja samadhi* è al di là del tempo e dello spazio ed è presente in ogni circostanza, indipendentemente da ciò che si sta facendo, e prosegue immutato anche nel sonno.

Si fa l'esperienza di essere pura coscienza. Agli occhi degli altri, tali persone continuano ad appartenere a questo mondo, ad essere nella dualità, ma esse dimorano costantemente nella beatitudine della pura coscienza, il Sé. Sono l'incarnazione stessa della Coscienza Suprema. Alla loro presenza, anche gli altri sperimentano beatitudine, gioia e conforto.

Yoga ed esercizio fisico

Lo yoga è un metodo per risvegliare l'infinito potere che è in noi attraverso una corretta integrazione della mente, del corpo e dell'intelletto e realizzare così il nostro pieno potenziale.

Lo yoga contribuisce ugualmente a migliorare la salute, sviluppare la pazienza, accrescere la nostra felicità interiore e la consapevolezza dei valori. L'aumento delle malattie dovute a scorretti stili di vita e a problemi di salute mentale ha favorito la diffusione dello yoga in tutto il mondo. Ogni cittadino indiano può essere fiero di sapere che lo yoga è una scienza che è nata e si è sviluppata nel nostro Paese.

Tante persone desiderano conoscere i benefici specifici dello yoga paragonati ad altre forme di esercizio fisico. Qualsiasi tipo di esercizio contribuisce a ristabilire la salute fisica o mentale, ma i benefici dello yoga sono di gran lunga superiori. In genere, fare un'attività fisica riduce il livello dei grassi nel corpo ed aumenta la forza muscolare attraverso l'esecuzione di rapidi movimenti.

Lo yoga, invece, è più focalizzato a sciogliere le tensioni e a ridirigere correttamente l'energia vitale, favorendo in tal modo il corretto funzionamento di tutti gli organi interni e di tutte le ghiandole e la guarigione dalle malattie.

I nervi si purificano e la forza mentale aumenta. Questa pratica aiuta ad acquisire maggiore concentrazione e i muscoli diventano flessibili e forti. Meglio di tanti altri esercizi, lo yoga riduce la depressione e genera benessere mentale.

Anche le posizioni dello yoga sono diverse dagli altri esercizi perché vengono compiute in modo consapevole e attento, concentrandosi sul respiro e osservando ogni movimento del corpo. La mente si acquieta ed è più predisposta a fare un'esperienza come quella della meditazione. Perciò lo yoga aiuta tanto il corpo quanto la mente.

Chi soffre di una malattia cronica ha bisogno non solo delle medicine, ma anche di un'alimentazione corretta e di riposo per stare meglio. Allo stesso modo, affinché lo yoga produca risultati ottimali e perfetti, dev'essere integrato in uno stile di vita disciplinato e basato sui valori.

Praticando lo yoga con grande consapevolezza, si diventa gradualmente capaci di portare tale consapevolezza in ogni nostra azione e, di conseguenza, la qualità dei pensieri e delle emozioni migliora. Acquisendo una concentrazione totale nella meditazione e nelle nostre attività, saremo in grado di realizzare il nostro vero Sé.

Lo yoga favorisce la visione dell'unità nella diversità e un atteggiamento di non-violenza verso tutti gli esseri viventi. Pertanto, la sua diffusione può aiutare a far crescere l'amore e l'amicizia nella società e a promuovere la pace nel mondo.

Astrologia e fede in Dio

Figli, l'ansia e la paura del futuro portano molte persone a diventare dipendenti dall'astrologia. C'è anche tanta gente che va nel panico o si preoccupa per questioni che riguardano il matrimonio, gli affari, il lavoro, una promozione professionale e così via. Le situazioni favorevoli o sfavorevoli che incontriamo in questa vita sono principalmente dovute alle azioni che abbiamo compiuto nelle vite precedenti.

Sebbene l'astrologia possa fornirci indicazioni sul nostro destino e consigliarci rimedi che attenuino le esperienze negative, non le può evitare completamente. È quindi importante rendere la mente capace di affrontare i problemi con equanimità.

Un *Mahatma* offrì un giorno due idoli a un re dicendogli: "Abbi molta cura di questi idoli. Se si rompono, il regno sarà colpito da grandi calamità come una guerra, una carestia o un'inondazione".

Il re affidò gli idoli ad un servo, che li custodì con molta attenzione in un posto particolare.

Un giorno uno degli idoli si ruppe. Il servo informò subito il re che, infuriato, lo fece imprigionare.

Qualche giorno più tardi il sovrano di un Paese vicino attaccò il regno con un esercito enorme. Il re dette la colpa al servo e ordinò che fosse impiccato. Quando gli fu chiesto se avesse un ultimo desiderio, il servo rispose: "Prima di morire, vorrei avere il permesso di rompere il secondo idolo".

"Perché dici così?", gli chiese il re.

Il servo rispose: "Lei mi sta mandando a morte perché il primo idolo si è rotto. Nessun altro innocente dovrebbe morire a causa del secondo idolo. Il *Mahatma* che le ha dato questi idoli disse che quando si fossero rotti ci sarebbero state delle sciagure e non che le disgrazie sarebbero successe *perché* gli idoli si erano rotti. Il fatto che l'idolo si è rotto era semplicemente l'indicazione che una guerra stava per scoppiare. Cogliendo questo indizio, avrebbe dovuto prepararsi ad affrontare l'esercito del re nemico". Nell'ascoltare queste parole, il re comprese di avere sbagliato e fece liberare il servo.

L'astrologia e le predizioni indicano solo le difficoltà o i colpi di fortuna che ci possono capitare nella vita. Non ha senso biasimare i pianeti o Dio per gli ostacoli e le difficoltà che incontriamo. Rimaniamo invece attenti ed assicuriamoci che tutte le nostre azioni siano buone. Se lo facciamo, anche il nostro futuro sarà roseo.

Persino gli atei e gli scettici ripongono tantissima fede negli astrologi e negli indovini! Un buon astrologo che sia dotato di intuito è in grado di ricostruire il vostro passato e fare previsioni abbastanza accurate sul vostro avvenire. Più che la conoscenza acquisita, conta la capacità dell'astrologo di sintonizzare la sua mente con i piani superiori di coscienza. In fin dei conti, è la grazia divina a cui attinge che conferisce esattezza alle sue predizioni.

Analogamente, solo la grazia di Dio può trasformare una situazione o un'esperienza karmica che siamo destinati a vivere. È anche importante ricordare che non possiamo evitare completamente una situazione karmica anche se le nostre preghiere, meditazioni e pratiche spirituali hanno sicuramente un effetto positivo.

Molti pensano che ordinare delle *puja* e delle *homa* ai sacerdoti aiuti a migliorare la loro situazione. Questi rituali sono sicuramente potenti, ma ciò che è più importante è lo sforzo sincero e intenso che mettiamo nelle nostre osservanze spirituali e religiose.

L'astrologia fa parte della cultura vedica ed è considerata una scienza, un puro e minuzioso calcolo matematico basato sulla relazione tra i movimenti del sistema solare, la natura e la mente umana. Come tutte le antiche Scritture, anche la conoscenza dell'astrologia scaturì dal cuore dei *rishi*. Mentre meditavano profondamente, la loro mente era in unione con l'universo intero e le vibrazioni in quei momenti erano pure e prive di condizionamenti. Pertanto, cerchiamo di capire che non bisogna riporre la nostra fede in un astrologo e nelle sue previsioni, ma nel potere supremo che governa questo universo: Dio.

Le azioni non intelligenti e dissennate che abbiamo compiuto nel passato vanno controbilanciate da azioni intelligenti e accorte compiute nel presente. Se lo facciamo, il futuro ci sorriderà.

Più che cercare di cambiare le situazioni, è meglio sforzarsi di cambiare il modo in cui le percepiamo. Le circostanze avverse e le difficoltà sono spesso inevitabili. Dovremmo fare del nostro meglio per rimanere sulla giusta strada, agendo e pensando in maniera *dharmica*. Se ciò nonostante continuiamo a incontrare situazioni negative anche dopo aver sinceramente cercato di evitarle, allora dovremmo assumere un atteggiamento di accettazione e vederle come se fossero la volontà di Dio. Solo così potranno regnare la pace e la serenità nella nostra vita.

I valori

Evitare i preconcetti

Figli, noi percepiamo alcune persone come "buone" e ne etichettiamo altre come "buone a nulla". Poi, dopo un po', cambiamo idea. Quelle che precedentemente avevamo definito "buone", le chiamiamo in seguito "cattive" e viceversa. Così le nostre opinioni e prospettive mutano costantemente. Perché? Il motivo principale è la mancanza di una conoscenza adeguata. È nostra abitudine giudicare tutto attraverso nozioni preconcette. Quando osserviamo qualcosa attraverso le lenti dei nostri pregiudizi non riusciamo a comprenderla correttamente. Dovremmo vedere tutto nella giusta prospettiva ed imparare a guardare le cose con una mente aperta. Solo così potremo comprendere come stanno davvero le cose.

Questo mondo, così come gli oggetti e gli individui che vi si trovano, sono in costante trasformazione. La persona che abbiamo visto ieri è diversa da quella che vediamo oggi. Un sarto prende ogni volta le misure dei suoi clienti, anche di quelli abituali. Non pensa mai: "Beh, le ho prese l'ultima volta che è venuto e quindi non c'è bisogno di riprenderle". Lui sa che la taglia del cliente, come anche i suoi gusti, potrebbero cambiare. Quando ci relazioniamo con gli altri dovremmo avere un atteggiamento simile.

Il comportamento di una persona verso di noi potrebbe cambiare da un momento all'altro. Il nemico di oggi può facilmente diventare l'amico di domani e l'amico di oggi il nemico di domani.

Dovremmo sempre considerare gli altri con una mente aperta e senza idee preconcette. Alcuni pensano che agire basandosi su nozioni preconcette prevenga problemi futuri mentre in realtà non sono i preconcetti, ma è l'attenzione che ci aiuta ad evitare difficoltà future. Il pregiudizio è negativo, l'attenzione positiva. Quando ci facciamo guidare dai nostri preconcetti, perdiamo l'occasione d'imparare cose nuove. Agire con attenzione, invece, rivela molte idee e prospettive nuove.

Un uomo non trovava più il suo portafoglio con molti soldi dentro. Era sicuro di averlo visto poco prima nella sua stanza, al solito posto. L'uomo, sua moglie e i suoi figli perlustrarono la casa da cima a fondo senza trovarlo. Ad un tratto il figlio di sette anni disse: "Il ragazzo della porta accanto era qui un momento fa".

Improvvisamente l'intera famiglia cominciò a nutrire sospetti nei confronti di quel ragazzo che prima di allora avevano sempre guardato con affetto. "Non hai visto il suo sguardo da furbetto?", dicevano tra di loro, "Non c'è dubbio che sia stato lui". Giunsero così alla conclusione che il giovane avrebbe davvero potuto essere un ladro: camminava e si comportava allo stesso modo. Così, l'amore e la fiducia in lui svanirono velocemente, iniziarono a considerare con disprezzo anche gli altri membri della famiglia del giovane e gradualmente persero la loro pace mentale.

Circa una settimana dopo, mentre stava pulendo minuziosamente la casa, la moglie trovò il portafoglio scomparso sotto un cuscino del divano. Il suo atteggiamento verso quel ragazzo cambiò all'istante: lo considerò di nuovo come il giovane dolce e innocente del passato.

Quando consideriamo qualcosa con idee preconcette, la nostra mente dà giudizi avventati.

Di conseguenza, tutto viene filtrato alla luce di quel giudizio spesso sbagliato. Perciò, prima di arrivare ad una conclusione, dovremmo esaminare la situazione con attenzione e discernimento: questo è il modo corretto di agire.

In effetti, i preconcetti nascono spesso quando proiettiamo le nostre simpatie e antipatie sugli altri. Un tale atteggiamento non ci aiuta a percepire la verità ma ci acceca. I preconcetti ci costringono a guardare il mondo attraverso lenti colorate: a seconda del colore della lente, penseremo che il mondo sia blu, nero, verde e così via. In questo modo diviene impossibile avere una visione corretta della natura del mondo. È necessario comprendere e valutare il mondo, le diverse circostanze ed esperienze e noi stessi con attenzione e maturità, non con opinioni preconcette. Potremo riuscirci solo attraverso la spiritualità.

Risvegliare la consapevolezza

Figli, oggigiorno abbiamo la conoscenza ma non abbiamo consapevolezza. Abbiamo l'intelletto ma manchiamo di discernimento. I nostri pensieri, le nostre parole e le nostre azioni dovrebbero scaturire da una giusta conoscenza e da una chiara consapevolezza, altrimenti non raggiungeremo il fine che ci siamo prefissi. Se un carro è tirato da due cavalli che vanno in direzioni opposte non andrà da nessuna parte. Se invece entrambi i cavalli lo tirano nella stessa direzione, raggiungerà la destinazione molto velocemente. Allo stesso modo, potremo progredire rapidamente nella vita solo se i nostri pensieri, le nostre parole e le nostre azioni sono in accordo tra loro.

Finché la nostra consapevolezza non è risvegliata non sapremo trarre vantaggio neppure dalle circostanze favorevoli che si presentano nella vita. Agiremo senza pensare e tutto andrà male.

Un uomo d'affari comprò una fabbrica che era sull'orlo della bancarotta e vicina a chiudere. Affinché l'impresa potesse sopravvivere, doveva sbarazzarsi di tutti gli operai pigri e ladri e sostituirli con lavoratori capaci, sinceri ed onesti. Si mise ad osservare attentamente tutti i dipendenti. Durante la sua prima visita alla fabbrica notò un dipendente appoggiato al muro che dormiva. Accanto a lui c'era un gruppo di operai intenti a lavorare. Deciso a dare a tutti una lezione, l'imprenditore lo svegliò e gli chiese: "Quanto prendi al mese?".

L'uomo aprì gli occhi e con un'espressione sorpresa rispose: "6.000 rupie".

Immediatamente il proprietario della fabbrica estrasse il portafoglio, prese una manciata di banconote e gliele diede dicendo: "Di solito, quando un lavoratore viene licenziato, riceve due mensilità, ma io te ne do quattro. Eccoti 24.000 rupie. Non voglio più vederti in giro a partire da adesso".

Quando l'uomo se ne fu andato, l'imprenditore chiese agli altri operai: "In quale reparto lavorava?". Uno di loro rispose: "Signore, lui non lavorava qui. Aveva portato il pranzo a qualcuno e stava aspettando di recuperare i contenitori".

In questa storia, l'imprenditore era molto intelligente, ma aveva agito sconsideratamente rendendosi veramente ridicolo.

Per poter agire con completa consapevolezza sono necessari cinque fattori: la conoscenza del compito assegnato, la capacità di discernere tra giusto e sbagliato valutando tutti i possibili risultati, una mente calma e pacifica, una concentrazione totale e infine il distacco che ci permette di prendere le distanze da noi stessi, fare un passo indietro e osservare noi e le nostre azioni in modo oggettivo. Quando vi sono tutti questi fattori, sapremo svolgere qualsiasi lavoro al meglio delle nostre capacità. Possano i nostri sforzi essere rivolti a questo obiettivo.

Le cattive abitudini

Figli, una delle cose più pericolose che ci può capitare è cadere nella morsa delle cattive abitudini perché poi è molto difficile liberarsene. Dobbiamo dunque essere sempre attenti. È ripetendo cattive azioni e intrattenendo pensieri negativi che formiamo brutte abitudini. A nostra insaputa, queste abitudini potrebbero finire per divorare la nostra vita.

Un uomo andò dall'oculista perché aveva un'irritazione agli occhi. Dopo averlo esaminato, il dottore disse: "Non c'è nulla di cui preoccuparsi. Si sciacqui gli occhi con del brandy due volte al giorno e vedrà che in una settimana il problema sarà scomparso".

Il paziente tornò dal medico la settimana dopo. Dopo averlo visitato, l'oculista disse: "Non vedo nessun miglioramento! Cos'è successo? Non ha seguito le mie indicazioni?". Il paziente rispose: "Ci ho provato, ma non mi è stato possibile sollevare la mano più in alto della bocca".

Quando le abitudini diventano la nostra natura, ne diventiamo schiavi. Tale è il potere che hanno su di noi.

Potremmo paragonare il nostro stato attuale al sonno: è per questo che le nostre parole o azioni mancano di consapevolezza. Non basta avere la conoscenza, bisogna anche risvegliare la consapevolezza. Solo allora potremo avvalerci fino in fondo della conoscenza acquisita. Tutti i fumatori sanno che fumare è nocivo alla salute, eppure fumano lo stesso. Soltanto quando gli viene diagnosticato un tumore prendono coscienza di quanto sia dannoso tale vizio e a quel punto, anche se lo desiderano, non toccheranno più una sigaretta.

Molte persone che hanno cattive abitudini mi dicono: "Questa abitudine si è formata nel corso degli anni ed ora mi è molto difficile abbandonarla di punto in bianco. Proverò a farlo gradualmente". Parlano così perché non capiscono quanto essa nuoccia alla loro salute fisica e mentale.

Immaginate che una casa prenda fuoco mentre il proprietario dorme. Al suo risveglio, l'uomo si vede circondato dalle fiamme. Il suo unico pensiero è fuggire, non perderà tempo.

Analogamente, appena realizziamo quanto siano dannose le cattive abitudini, le abbandoniamo immediatamente.

Per liberarcene è innanzitutto necessario avere determinazione e poi evitare situazioni dove la tentazione è presente. È importantissimo non frequentare amici che ci possano indurre in errore. Non esitate a chiedere aiuto ad un medico o ad un terapeuta se necessario. Se siete vigili e perseverate, potrete vincere qualsiasi cattiva abitudine.

La devozione è di per sé un fine

Figli, è opinione comune che Dio si incarni in una forma umana per proteggere e mantenere il *dharma* e distruggere l'*adharma*. Ma esiste una ragione ancora superiore: Dio si incarna per risvegliare nel cuore degli uomini l'amore per Lui. Ecco perché molti saggi affermano che, oltre ai quattro obiettivi della vita umana – rettitudine, benessere economico, soddisfazione dei desideri e liberazione – ne esiste un quinto: la devozione.

Un vero devoto non desidera neppure la liberazione. Il suo unico obiettivo è poter ricordare e servire Dio per tutta la sua vita. Non desidera nient'altro. Per un vero devoto, la devozione in sé è un fine.

Nella devozione fine a se stessa, l'individuo cessa di esistere e a questo punto l'abbandono di sé diventa completo. Perfino allora, il desiderio di amare Dio rimane nel cuore del devoto. Gustando costantemente la beatitudine della devozione, anche lui diventa un'incarnazione della beatitudine.

Un giorno Uddhava disse al Signore Krishna: "Ho sentito dire che, tra tutti i Tuoi devoti, le *gopi* Ti sono più care. Numerosi altri devoti si commuovono al solo nominare il Tuo nome ed entrano in *samadhi* quando odono il Tuo flauto divino. Nel vedere, anche a grande distanza, la tinta blu del Tuo corpo divino, sono sopraffatti dall'emozione e perdono i sensi. Che cos'ha di così straordinario la devozione delle *gopi*?".

A queste parole, il Signore sorrise e rispose: "Tutti i miei devoti mi sono cari, ma le *gopi* hanno qualcosa di molto speciale, di unico. Altri devoti versano lacrime al sentire il mio nome, ma per le *gopi*, tutti i nomi sono il Mio nome. Per loro, tutti i suoni sono il flauto del Signore Krishna. Ogni colore appare blu ai loro occhi. Le *gopi* sanno vedere l'unità nella diversità: è per questo che sono diventate le più care al Mio cuore".

Una moglie che ama suo marito come la propria vita non pensa che a lui quando prende la penna per scrivergli. La sua mente è immersa nei ricordi legati all'amato sposo mentre prende la penna e il foglio per scrivere.

Analogamente, la mente di un vero devoto è costantemente rivolta a Dio: quando si prepara per l'adorazione, dispone gli articoli per la *puja*, i bastoncini d'incenso, la canfora e i fiori. In questo supremo e nobile momento di devozione, vede il Creatore in tutta la creazione.

È per questa ragione che le *gopi* erano incapaci di vedere qualcosa come separato dal Signore.

Possano il ricordo del Signore Krishna e delle *gopi* che danzano ebbre di beatitudine a Vrindavan, dimentiche di tutto nella loro estasi, riempire i nostri cuori di devozione, gioia e beatitudine.

Azione e pensiero

Figli, ci sono due tipi di persone nel mondo: quelle che agiscono senza pensare e quelle che pensano senza agire. Il primo gruppo finisce in un mare di guai agendo senza pensare, o almeno senza pensare correttamente. Non soltanto non è di aiuto a nessuno, ma spesso fa del male agli altri. Chi appartiene al secondo gruppo pensa con discernimento e comprende ciò che è giusto e ciò che è sbagliato, ma non agisce. Al massimo prodiga buoni consigli agli altri, come un malato che chiede a qualcuno di prendere le medicine al posto suo. Spesso ci ripromettiamo di compiere molte azioni nobili, ma poi inventiamo mille scuse per non portare avanti il nostro proposito.

Un folto gruppo di devoti si recava ogni settimana in un antico tempio per meditare e pregare. Vedendolo, una scimmia si disse: "Tutti questi devoti ricevono la grazia di Dio pregando e compiendo austerità. Perché non fare anch'io qualche digiuno e meditare?".

La settimana dopo, la scimmia si sedette sotto un albero ed iniziò a meditare, ma ben presto si ricordò che non aveva mai digiunato. "Quando il digiuno sarà finito, potrei essere così stanca da non riuscire più a camminare. Potrei morire! Se mi siedo sotto un albero da frutto non dovrò andare lontano per cercare cibo quando avrò finito", pensò. Così si alzò e andò a sedere sotto un albero da frutto e riprese a meditare.

Dopo un po' si disse: "E se dopo aver digiunato così tanto non avessi sufficiente energia per arrampicarmi e cogliere i frutti?". Così salì su un ramo carico di frutti e si sedette a meditare. "E se poi le mie braccia fossero troppo deboli per coglierli?". Iniziò allora a cogliere parecchi frutti e dopo averli messi in grembo si accinse a meditare.

Dopo qualche istante ebbe fame. "È da tanto che non mangio frutti così grandi e gustosi", pensò, "Posso sempre digiunare un altro giorno!". Non appena comparve questo pensiero, il frutto era già nella sua bocca.

Molti di noi sono come questa scimmia. La nostra mente cercherà sempre delle scuse per rimandare ciò che va fatto. Insieme alla conoscenza, dobbiamo avere la determinazione e una mente focalizzata sul nostro scopo.

Quelli che hanno una mente determinata e che si sforzano di raggiungere tutti i loro obiettivi avranno sicuramente successo.

Non cadere schiavi dell'ira

Figli, l'ira è una debolezza che ci rende schiavi. Quando ci arrabbiamo, perdiamo sia l'auto-controllo sia la capacità di giudizio, non siamo più consapevoli di noi stessi e di ciò che diciamo e facciamo.

Attualmente, la nostra mente è come un burattino nelle mani degli altri, che sanno perfettamente come premere i tasti giusti: se ci lodano siamo felici e se ci criticano ci inquietiamo. In questo modo, la nostra vita è controllata dalle loro parole. Inoltre, quando iniziamo a dare in escandescenze, rendendo la vita di chi ci circonda un inferno, il nostro comportamento diventa una vera e propria forma d'intrattenimento per chi lo guarda!

A questo proposito, Amma ricorda una storia. Un uomo andò dal barbiere. Non appena il barbiere cominciò a tagliare i capelli del cliente, disse all'uomo: "Sa, ieri ho incontrato sua suocera. Sa cosa mi ha detto? Mi ha detto che lei ha accumulato un bel po' di soldi guadagnati illegalmente".

Nell'udirlo, il viso dell'uomo divenne rosso di rabbia.

"Davvero ha detto questo? Lei non è migliore di un comune ladro! Ha idea di quante persone le abbiano prestato soldi senza che lei li abbia mai restituiti? Sono io quello che salda tutti i suoi debiti!". L'uomo non si fermò qui: continuò a sparlare della suocera per tutta la durata del taglio di capelli.

Circa un mese dopo, quando tornò di nuovo a farsi tagliare i capelli, il barbiere lo fece sedere sulla poltrona, prese le forbici ed immediatamente iniziò a parlare di nuovo della suocera del cliente.

"L'altro giorno ho incontrato sua suocera", disse, "che si è lamentata perché lei non le dà neppure un soldo per le spese della casa".

Infuriato, l'uomo si mise a gridare: "Che strega! Come può dire una cosa simile! Sono io che mi accollo tutte le sue spese – dei vestiti, del cibo, di ogni cosa!". Una volta iniziata, continuò l'invettiva contro sua suocera per tutta la durata del taglio.

La terza volta che l'uomo si recò dal barbiere per tagliare i capelli, di nuovo questi tirò in ballo la suocera. Stavolta l'uomo lo fermò e gli chiese: "Scusi, perché menziona sempre mia suocera? Non ne voglio più sentir parlare".

Il barbiere rispose: "Beh, vede, gliene parlo perché questo la rende così furioso che i suoi capelli si drizzano ed è facilissimo tagliarli".

Quando ci arrabbiamo, la collera diventa la nostra padrona e noi i suoi schiavi. Possiamo però cambiare questa situazione con la dovuta comprensione e l'autocontrollo. Non appena capiamo che la nostra rabbia è una debolezza, possiamo sforzarci di controllarla.

In realtà, ogni persona e ogni circostanza ci fanno da specchio, riflettono le nostre debolezze e le nostre negatività. Come ci puliamo il viso se ci accorgiamo che è sporco guardandoci allo specchio, così dovremmo utilizzare le varie situazioni che incontriamo nella vita per rimuovere le nostre debolezze e negatività.

Se acquisiamo una certa comprensione spirituale, riusciremo più facilmente ad avere il controllo delle nostre emozioni e dei nostri pensieri. Se qualcuno si arrabbia con noi, dovremmo ricordare che la collera è un handicap, un handicap mentale. Farlo, ci aiuterà a perdonare quella persona. Oppure possiamo domandarci: "A cosa serve arrabbiarmi a mia volta? Non sarebbe più saggio se invece m'impegnassi a vincere il mio ego, che è la vera sorgente di tutte le mie sofferenze?".

Se riusciamo a riflettere in questo modo, saremo capaci di mantenere la nostra equanimità mentale e restare imperturbabili in ogni circostanza.

L'entusiasmo è il segreto del successo

Figli, qualunque sia il campo in cui vogliamo avere successo, ciò di cui abbiamo bisogno è un entusiasmo incrollabile. Per quanti ostacoli possiamo incontrare, dobbiamo perseverare, continuare a sforzarci e avere fiducia in noi stessi. Chi non perde l'entusiasmo riesce in ogni sua impresa.

Un bambino che sta imparando a camminare cadrà tantissime volte, ma subito si rialzerà e tenterà di nuovo. Poco importa quante volte inciampi e cada: ogni volta si rialzerà. Anche se si riempie di lividi e si fa male, continuerà a provarci ed è grazie ai suoi sforzi instancabili, al suo entusiasmo e alla sua pazienza che imparerà a camminare. Quando ci troviamo di fronte a degli ostacoli, non dobbiamo arrenderci ma perseverare senza abbatterci, come fa un bambino.

Un gregge di capre vide una grande vigna carica di grappoli in cima a un monte. Prese dall'entusiasmo, tutte le caprette desiderarono solo arrampicarsi e giungere in cima per mangiare l'uva. Cominciarono così a salire il più rapidamente possibile.

Osservandole, alcune capre più anziane esclamarono: "Ehi, dove state andando? La vigna è troppo in alto! Non riuscirete mai ad arrivare lassù!".

Sentendo questi commenti, molte di loro cominciarono a perdere l'entusiasmo, ben presto si sentirono stanche e una dopo l'altra tornarono indietro.

Infine rimase una sola capretta che imperterrita continuò la salita. Tutte le capre e le caprette fecero del loro meglio per farla ragionare e tornare indietro, ma nessuna riuscì a spegnere il suo entusiasmo. Alla fine la capretta arrivò in cima e si riempì la pancia d'uva.

Quando scese, tutti i suoi amici l'applaudirono e l'accolsero con grandi onori. Guardando questa scena, una capra esclamò: "Incredibile! Come hai fatto a compiere ciò che nessun altro è riuscito a fare?".

La capretta non rispose. A quel punto, la madre disse: "Mia figlia è sorda".

Di fatto, la sordità della capretta si era rivelata una benedizione perché le aveva permesso di conservare l'entusiasmo malgrado le critiche.

Anche noi possediamo questa forza interiore che ci fa vincere. Sfortunatamente, molti di noi crollano di fronte alle avversità senza mai accorgersi di questo straordinario potere interiore. Manteniamo alto il nostro livello di attenzione e non perdiamo di vista lo scopo della nostra vita. Se siamo consapevoli del nostro scopo e ci sforziamo di raggiungerlo, riusciremo a compiere imprese apparentemente impossibili.

Guarire dal senso di colpa per gli errori passati

Figli, tante persone vivono tormentate dal rimorso per gli errori che hanno commesso, consapevolmente o inconsapevolmente. Molti cadono in depressione o sviluppano altri disturbi mentali. Alcuni finiscono addirittura per suicidarsi. Parecchia gente va nei templi o si reca in pellegrinaggio cercando il perdono per gli sbagli commessi, ma pochissimi trovano la vera pace e si liberano dall'angosciante senso di colpa.

Crogiolarsi nel rimpianto e nella tristezza per gli errori compiuti è come abbracciare e piangere su di un cadavere: le nostre lacrime non lo riporteranno in vita.

Allo stesso modo, malgrado i nostri sforzi, non potremo mai tornare indietro nel tempo e cancellare i nostri errori. Il tempo va sempre avanti.

Quando i bambini si fanno un taglietto, di solito grattano ripetutamente la ferita, peggiorandola, finché il dolore diventa insopportabile. Dirsi continuamente: "Ho commesso questi errori, sono un peccatore" equivale a fare lo stesso. Tale atteggiamento trasforma una piccola ferita in grave e non porterà mai la pace mentale.

Qualunque siano le circostanze, dobbiamo pensare in modo pragmatico. Se ci capita di cadere, non restiamo a terra a piangere; alziamoci piuttosto e riprendiamo a camminare, facendo attenzione ad ogni passo. Non perdiamo la speranza.

Un giornalista chiese ad un famoso agricoltore: "Qual è il segreto del suo successo?".

L'agricoltore rispose: "Prendere le decisioni giuste".

Di nuovo il giornalista chiese: "Com'è riuscito a fare le scelte giuste?".

"Con l'esperienza".

"Come ha acquisito questa esperienza?".

"Prendendo decisioni sbagliate".

L'esperienza acquisita attraverso decisioni sbagliate aveva aiutato l'agricoltore a decidere correttamente. Quando poi prese la decisione giusta, riuscì nelle sue iniziative. Questa storia ci insegna che anche le decisioni sbagliate possono essere un trampolino per il successo.

Il momento presente è l'unica nostra ricchezza. Solo nel presente possiamo correggere i nostri errori e percorrere la strada giusta. Quando ci lasciamo andare alla tristezza pensando al passato, perdiamo il preziosissimo momento presente. Ciò che conta è utilizzare bene il momento presente. Questo è ciò che determina il cammino della nostra vita.

Facciamo quindi il voto solenne di non ripetere i nostri errori e, se possibile, cerchiamo di cancellare o rimediare a questi sbagli. Continuiamo poi il nostro cammino concentrati sul nostro scopo. Ecco quello che bisogna fare.

Nella fretta, ci sfugge la bellezza

Figli, viviamo in un'epoca in cui non troviamo tempo per gli altri e per noi stessi a causa delle centinaia di pensieri che occupano costantemente la nostra mente – pensieri su eventi passati, su ciò che potrebbe accadere in futuro o su quello che dobbiamo fare. Così facendo, non capiamo ciò che va fatto nel presente e non siamo in grado di agire in modo da ottenere buoni risultati. Non troviamo quindi pace e restiamo ciechi davanti alla bellezza di questo mondo.

Un nonno si recava regolarmente con il nipotino in un giardino vicino pieno di fiori. Un giorno, mentre camminava sulle foglie secche, il bambino sentì qualcosa di duro. Chinandosi per scoprire cosa fosse, scoprì una moneta a terra. "Qualcuno deve averla persa mentre camminava", si disse tutto contento mentre la raccoglieva. Da quel momento, prese l'abitudine di guardare con attenzione le foglie alla ricerca di altre monete quando passeggiava con il nonno. Ogni tanto ne trovava una o due e le metteva in tasca, senza dirgli nulla. Tornato a casa, le riponeva con cura in una scatola.

Cinque anni più tardi, il ragazzino mostrò tutte le monete al nonno. "Nonno, guarda le monete che ho raccolto nelle nostre passeggiate! Sono più di cento rupie!".

Con un sorriso, il nonno rispose: "Figliolo, sei fortunato ad avere trovato così tante monete, ma pensa a quante cose ti sei perso mentre eri occupato a cercarle. Non ti sei mai accorto dei magnifici alberi che ondeggiavano al vento, non hai mai sentito il canto melodioso degli uccelli. Così tante albe e tramonti si sono succeduti senza che li notassi. Così tanti fiori sono sbocciati e tanti arcobaleni sono apparsi! Sei rimasto sordo al suono dei ruscelli che scorrevano, cieco alla bellezza degli stagni. Figliolo, tutte queste cose non hanno prezzo".

Non è ciò che accade spesso nelle nostre vite? Molti portano la loro famiglia sulla spiaggia per contemplare il tramonto, ma quando sono lì passano il tempo a controllare se hanno ricevuto mail o sms. Sebbene siano circondati dalla bellezza, sono incapaci di gustarla. Trascorriamo tantissimo tempo su Facebook senza mai guardare il volto di chi ci è vicino.

Figli, non dovrebbe esser così. La tecnologia porta indubbiamente dei vantaggi, ad esempio può avvicinarci a coloro che sono lontani, ma nello stesso tempo non dovrebbe allontanare quelli che ci sono più vicini. Molte volte, una moglie è molto triste senza che il marito se ne accorga. Assorbiti giorno e notte nel loro lavoro, i padri di famiglia non riescono a trovare del tempo per ascoltare i loro familiari. Che peccato avere un bellissimo giardino se poi ogni volta che andiamo a sederci lì parliamo al telefono senza mai apprezzarne la bellezza!

L'agitazione mentale può facilmente oscurare la bellezza di questo mondo e a quel punto la vita diventa come un bel fiore sporco di fango. È solo quando i pensieri compaiono nel momento e nel modo adeguato che possiamo compiere serenamente i nostri compiti e vivere nel presente. Solo allora possiamo godere della bellezza che è la nostra vera natura e quella del mondo.

Imparare a dare alla società ciò che le spetta

Figli, in tempi non lontani il sacrificio di sé e la semplicità erano considerati due degli aspetti più importanti della vita. Oggi, invece, lo scopo principale della maggior parte delle persone è fare soldi ed accumulare quanti più beni materiali possibile. Sfortunatamente la gente crede che il successo consista nel prendere il massimo dando il minimo.

Quando prendiamo qualcosa dalla natura o dalla società, è nostra responsabilità contraccambiare in qualche maniera. Se impariamo a dare più di quanto prendiamo, allora ci sarà sempre pace, prosperità e unità nella società. Oggi però le persone hanno un rapporto basato sul profitto sia con la società che con la natura. Persino con Dio hanno un rapporto di tipo commerciale. Dovremmo coltivare un'attitudine di abbandono verso Dio. Invece, anche quando le persone pregano, cercano di trarne qualche profitto.

Un ricco uomo d'affari stava viaggiando su una nave quando, improvvisamente, l'imbarcazione fu colpita da una terribile tempesta. Il comandante annunciò che non c'erano molte probabilità di sopravvivere. Tutti iniziarono a pregare. L'uomo d'affari fece questa preghiera: "Signore, se sopravvivo venderò il mio hotel a cinque stelle e ti darò il 70% del ricavato. Ti supplico, proteggimi!". Ebbene, dopo che ebbe pronunciato queste parole, il mare si calmò.

Presto, tutti i passeggeri, incluso l'uomo d'affari, raggiunsero la riva sani e salvi, ma a questo punto l'uomo d'affari era in preda all'angoscia. "Se vendo il mio hotel ricaverò almeno dieci milioni di rupie e dovrò darne sette a Dio. Che cosa tremenda!", si disse. Iniziò a pensare ad una scappatoia. Il giorno dopo, su tutti i giornali apparve questo annuncio: "Hotel a cinque stelle in vendita per una sola rupia". Centinaia di acquirenti accorsero per comprarlo. L'uomo d'affari si rivolse a loro dicendo: "Sì, è vero che vendo l'hotel per una sola rupia, ma ad una condizione: chi lo acquista deve anche comprare il mio cagnolino. E il prezzo di questo cagnolino è dieci milioni di rupie". Alla fine un acquirente si fece avanti, la vendita fu conclusa e l'uomo d'affari offrì settanta paisa a Dio.

Al giorno d'oggi, questo è l'atteggiamento di molti. Per ottenere ciò che vogliamo siamo persino pronti ad ingannare Dio. Oggi guardiamo tutto con una mentalità calcolatrice. L'unica nostra preoccupazione è come proteggere i nostri interessi egoistici, ad ogni livello. Alcuni pensano addirittura che in questo modo stanno prosperando, ma una tale crescita è simile a una sorta di cancro: una crescita disarmonica distrugge sia l'individuo che la società. Una crescita individuale che non tenga conto del bene comune non può considerarsi una vera crescita. Il nostro benessere non deve impedire ad altri di prosperare. Al contrario, dovrebbe aiutarli a farlo.

Figli, qualsiasi cosa diamo al mondo, ci tornerà indietro: se piantiamo un seme, la terra ce lo restituirà centuplicato. Qualunque cosa doniamo, ci tornerà indietro come benedizione sia nel presente che nel futuro. È donando e non prendendo che la nostra vita si arricchisce.

Superare lo stress

Figli, al giorno d'oggi le persone sono costantemente tese. Malgrado le comodità di cui dispongono, non riescono a liberarsi dalla tensione. Essere apprensivi è diventata la nostra natura.

Limitarsi a guardare un taglio nella mano, preoccupandoci e piangendoci sopra, non lo guarirà. Dobbiamo lavare e pulire la ferita e medicarla per non rischiare di farla infettare.

La stessa cosa accade con i problemi che incontriamo: preoccuparsi non li risolverà, ma addirittura ingigantirà le difficoltà. È come partecipare a una corsa con un peso da cento chili intorno al collo: come possiamo vincere? Avere un tale atteggiamento renderà sicuramente infelice la nostra vita.

Di norma, una persona sana ha una pressione sanguigna intorno ai 120 mmHg di massima e 80 mmHg di minima. Quando una persona ipertesa è stressata, i suoi valori possono aumentare fino ad arrivare a 150/200 e provocare un ictus o una emiparesi.

Le tensioni ci tolgono forza, internamente ed esternamente. Una buona percentuale di persone soffre di disturbi cardiaci. Molti portano dei pacemaker. Se tuttavia riuscissimo ad installare il "pacemaker" della spiritualità, molti pacemaker diventerebbero inutili.

Un guru e i suoi discepoli stavano camminando sotto il sole e quando videro un albero si sedettero all'ombra delle sue foglie. Il guru chiese ai discepoli di andare a prendere dell'acqua. Si poteva intravedere un piccolo specchio d'acqua in lontananza. Quando i discepoli iniziarono ad attingere l'acqua con un bricco, un contadino portò i suoi buoi a bagnarsi e l'acqua divenne completamente fangosa.

Scoraggiati, i discepoli tornarono dal guru e gli raccontarono l'accaduto. Il guru chiese loro di sedersi accanto a lui. Tutti si riposarono per una mezz'oretta all'ombra. Infine il guru disse: "Ora, andate allo stagno e guardate com'è la situazione".

Giunti sulla riva, i discepoli videro che l'acqua era tornata limpida. Riempirono i loro bricchi d'acqua e poi tornarono dal maestro ad offrirglieli.

Il guru disse: "La condizione della mente umana è simile a quell'acqua. Quando sorgono dei problemi, la mente diventa torbida e agitata, ma rimanendo per un po' tranquilli e silenziosi, riacquista la sua calma e con essa, i suoi talenti e le sue capacità".

Vita semplice e sacrificio di sé

F igli, la prospettiva su cui si basa la nostra società e i suoi valori sta radicalmente cambiando. Fino a due generazioni fa, una vita semplice e il sacrificio di sé erano i nostri più alti ideali. Oggi, invece, la maggior parte delle persone pensa che il benessere economico sia la cosa più importante. Lo spreco e l'eccesso fanno oramai parte del nostro modo di vivere.

Alcuni spendono migliaia di rupie, decine di migliaia, in beni di lusso e altri comfort. Nel frattempo, i loro vicini patiscono la fame. Mille rupie possono fare la differenza nella vita di una ragazza e darle la possibilità di sposarsi o vivere una vita da sola. Vi sono persone che spendono centinaia di migliaia di rupie per festeggiare le nozze della propria figlia e famiglie che rifiutano la propria nuora rimandandola dai suoi genitori perché la dote è insufficiente. Ci sono moltissimi casi di questo tipo.

Al giorno d'oggi, gli indiani tendono a non badare a spese quando si tratta di matrimoni. In realtà si possono celebrare le nozze con sobrietà, di fronte ad un ufficiale dello stato civile: anche in questo modo il matrimonio è un simbolo di unità e di buon auspicio. Nei tempi antichi, i festeggiamenti nuziali servivano a rendere contenti i vicini e gli amici affinché colmassero di benedizioni gli sposi novelli, assicurando così alla coppia una vita piena di pace e di gioia. Ma tutto questo è cambiato nel corso degli anni.

Non dovremmo dare così tanta importanza all'aspetto esteriore. Con un briciolo di compassione nel cuore, possiamo ridurre la somma destinata alle nozze dei nostri figli e donare quello che abbiamo risparmiato per aiutare le giovani più povere a sposarsi.

La società odierna indiana, e quella del Kerala in particolare, è ossessionata dall'oro. La nostra società cerca d'insegnarci che la parola malayana "*penn*" non significa solo donna, ma anche oro. Ai giorni nostri, alcune donne vanno in giro indossando più oro di un elefante con il *nettipattam* (il copricapo dorato con cui si adornano gli elefanti durante le parate). Le donne si sentono incomplete se il collo e le braccia non sono ornate con gioielli d'oro.

Questo metallo è diventato un mezzo per esprimere la propria fierezza.

Amma non sta dicendo che acquistare oro è immorale. Se acquistato in modo assennato, può rivelarsi un buon investimento, ma è pericoloso farlo diventare un'ossessione, in particolare quando i genitori chiedono soldi in prestito, vendono o ipotecano dei beni per coprire le spese nuziali. Di fatto, questa ossessione dell'oro non è stata creata dalle donne ma dalla società.

Dobbiamo mantenere un certo equilibrio e una certa sobrietà nelle nostre azioni. Ogni cosa ha il suo posto. Allo stesso tempo, se si superano certi limiti, tutto può diventare *adharma*. Sfruttare le risorse naturali della terra incuranti degli altri è peccato. Quando facciamo il bagno o laviamo i piatti, dobbiamo stare attenti a non usare più acqua del necessario. Assicuriamoci di spegnere le luci e i ventilatori quando usciamo da una stanza. Non sprechiamo cibo. Facciamo caso a queste cose. Ci sono tantissime persone nel mondo che muoiono di fame.

La nostra vita sarà benedetta se, invece di pensare solo a soddisfare i nostri desideri, ci dedicheremo ad aiutare gli altri. Se siamo disposti a porre fine alle nostre cattive abitudini e a ridurre le spese superflue, possiamo utilizzare i soldi risparmiati per aiutare chi soffre, chi non può permettersi un pasto decente al giorno. Allora, la luce della bontà illuminerà non solo le loro vite ma anche le nostre.

Provare simpatia e provare compassione

Figli, a prima vista sembra che ci sia solo una piccola differenza tra provare simpatia e provare compassione. Quando però le esaminiamo, vediamo che sono molto diverse. Provare simpatia è un sentimento fugace che nasce nel vedere una persona disperata. Questo nostro atteggiamento non ha un grande impatto su di lei. Simpatizziamo, offriamo a chi soffre qualche aiuto e forse anche una parola di conforto, sentendoci così a posto con la nostra coscienza. La compassione, invece, è sentire la sofferenza altrui come la nostra. Non c'è dualità nella compassione ma solo unità. Quando la nostra mano sinistra duole, la destra la consola perché il dolore è il nostro. Lo stesso accade con la compassione.

Un giorno un discepolo chiese al suo guru: "Qual è la vera compassione?". Il guru lo portò in una strada vicino all'ashram e poi gli disse di osservare il mendicante che si trovava lì. Dopo qualche istante un'anziana signora mise una moneta nella ciotola dell'uomo e dopo un po' una persona ricca gli diede una banconota da cinquanta rupie. In seguito passò un ragazzino che gli sorrise con amore. Avvicinandosi al mendicante, iniziò a parlargli rispettosamente, come se stesse rivolgendosi al fratello maggiore. Il mendicante era molto contento. Il guru chiese: "Fra queste tre persone, chi ha avuto vera compassione?".

Il discepolo rispose: "L'uomo ricco".

"No", rispose il guru con un sorriso, "costui non provava né compassione né simpatia. Voleva unicamente esibire la sua natura filantropica".

"La vecchia signora?" suggerì il discepolo.

"No", ribatté il guru, "la vecchia signora provava simpatia ma non vedeva il mendicante come se stessa, non intendeva realmente liberarlo dalla sua povertà. Solo il bambino fu capace di vera compassione trattando il mendicante come se fosse un suo famigliare. Nonostante non potesse aiutarlo in nessun modo, si stabilì tra loro una comunicazione tra cuore e cuore e una comprensione reciproca. Ciò che il ragazzino mostrò al mendicante è vera compassione".

Al mondo non serve la nostra simpatia passeggera, bensì la nostra compassione sincera. La compassione nasce quando sentiamo la felicità e il dolore degli altri come nostri. A quel punto, sorgono l'amore e la volontà di servire. La compassione è l'unica medicina in grado di guarire le ferite del mondo.

Il giusto atteggiamento è tutto

Figli, molte persone vivono nell'amarezza provocata da difficoltà in campo professionale o dalla vita in genere. Questa disillusione è principalmente dovuta a un atteggiamento mentale o a una visione errata della vita. La loro vita sarebbe notevolmente diversa se qualcuno potesse mostrargli la strada giusta ed incoraggiarle a percorrerla. Così facendo non si sentirebbero più oppresse e potrebbero persino diventare modelli di riferimento per gli altri.

Un giovane studente aspirava ardentemente a diventare medico, ma per un punto non fu ammesso alla facoltà di medicina. Ne rimase così deluso che la sua mente gli impedì di iscriversi a qualche altro corso. Dopo un po', cedendo alle insistenze della famiglia, fece domanda per un impiego in banca. Ottenne il posto, anche se i suoi pensieri erano sempre sul fatto di non essere riuscito a diventare medico. Questo rimuginare gli impediva di assistere con sollecitudine i clienti della banca e di mostrare loro perfino un sorriso. Nel vedere questo suo malessere, un amico lo portò da un guru. L'uomo si confidò con lui, aprendogli completamente il suo cuore. "Non riesco più ad avere il controllo della mia mente", disse, "Mi arrabbio per piccole cose e non tratto i clienti della banca con il dovuto rispetto. In queste circostanze, non credo di poter continuare a lavorare lì. Che cosa dovrei fare?".

Il guru lo rassicurò e poi gli chiese: "Figlio, se io ti dovessi mandare un mio amico molto caro come cliente, come lo tratteresti?".

"Sarei felice di aiutarlo in qualunque cosa avesse bisogno".

"Se è così, a partire da ora, vedi ogni cliente come qualcuno che ti è stato inviato proprio da Dio. In tal modo sarai capace di accogliere ogni persona con amore".

Da quel momento in poi l'atteggiamento del giovane cambiò radicalmente e questa sua trasformazione si rifletté in ogni suo pensiero e in ogni sua azione. Man mano che imparava a considerare ogni cliente come inviatogli da Dio, come l'immagine stessa del Signore, le sue azioni divennero una forma di adorazione. La sua mente fu libera dall'amarezza e la soddisfazione e la contentezza riempirono il suo cuore. Adesso sapeva trasmettere a tutti la felicità che sentiva.

Per coltivare la giusta attitudine mentale, la devozione è di grande aiuto. Un uomo che crede in Dio pone il Signore al centro della sua esistenza. Lo vede in tutto e Gli consacra ogni sua azione.

Così, se siamo capaci di vedere ogni azione come un atto di adorazione di Dio, non solo aiutiamo noi stessi, ma anche tutta la società ne trarrà beneficio.

Il sentiero per la pace

Figli, quando Amma guarda il mondo d'oggi prova molto dolore: ovunque ci sono immagini di gente in lacrime e spargimenti di sangue. Le persone sono incapaci di manifestare la compassione persino verso i bambini. Quante vite innocenti vengono sacrificate ogni giorno nelle guerre e negli attacchi terroristici! È vero che le guerre scoppiavano anche in passato, ma allora nessuno avrebbe attaccato chi era disarmato. Persino combattere dopo il tramonto era proibito. A quel tempo si seguivano questi codici di condotta. Oggi, invece, qualsiasi mezzo di distruzione è considerato legittimo, non importa quanto sia crudele o contrario al *dharma*.

Se ci guardiamo intorno vediamo che il mondo è governato dall'egoismo e dall'egocentrismo.

La radice di tutta questa distruzione è nell'ego. Vi sono due tipi di ego particolarmente devastanti: il primo è generato dal potere e dalla ricchezza, il secondo è l'ego che porta una persona ad affermare: "Solo il mio punto di vista è giusto! Non tollererò un'opinione diversa". Una tale arroganza rende impossibile la pace e la felicità tanto nelle nostre vite che nella società nel suo complesso.

Tutti i punti di vista hanno il loro valore: dobbiamo sforzarci di riconoscerli ed accettarli. Cerchiamo, in tutta coscienza, di comprendere le idee di tutti. Se ci riusciamo, possiamo mettere fine alle guerre inutili e agli spargimenti di sangue a cui assistiamo intorno a noi.

Per comprendere davvero e rispettare i punti di vista degli altri, dobbiamo per prima cosa coltivare l'amore dentro di noi. Molte persone compiono molti sforzi per imparare una lingua straniera, spinti da grande motivazione ed entusiasmo. Tuttavia, apprendere la lingua di un altro popolo non è sufficiente per capirlo. Per farlo, dobbiamo usare il linguaggio dell'amore, un linguaggio che abbiamo completamente dimenticato.

Allo scopo di raccogliere fondi, i volontari di un'organizzazione umanitaria andarono a parlare con il proprietario di una grande impresa, descrivendogli dettagliatamente le patetiche condizioni di vita e le sofferenze delle persone che cercavano di aiutare.

I loro racconti di dolore e tristezza avrebbero sciolto il cuore di chiunque, ma l'uomo d'affari rimase del tutto indifferente e per niente interessato. Completamente delusi, i volontari stavano per andarsene quando l'imprenditore disse: "Aspettate, vi farò una domanda. Se risponderete correttamente vi aiuterò. Uno dei miei occhi è artificiale. Riuscite a dirmi quale?".

I volontari esaminarono a lungo i suoi occhi e poi uno di loro disse: "L'occhio sinistro".

L'industriale esclamò: "Straordinario! Nessuno è mai riuscito a notare la differenza prima d'ora. Ho speso tantissimo per avere questo occhio. Come lo ha capito?".

Il volontario rispose: "Ho guardato attentamente entrambi gli occhi. Il destro mostrava un accenno di compassione. Il sinistro era come una pietra. Così, ho pensato immediatamente che il destro fosse quello vero". Questo uomo d'affari simboleggia perfettamente la nostra epoca.

Oggi, le nostre teste sono calde e i nostri cuori freddi. Ciò di cui abbiamo bisogno è il contrario: dovremmo mantenere la mente fredda e il cuore caldo. Il freddo egoismo dei nostri cuori si deve trasformare nel calore dell'amore e della compassione e l'impulsività dell'ego deve cedere posto alla fresca espansività della conoscenza del Sé.

L'amore e la compassione sono la nostra più grande ricchezza. Oggi le abbiamo perse. Senza amore e senza compassione non c'è speranza né per noi né per il mondo. Risvegliamo nei nostri cuori la dolcezza e la tenerezza di queste qualità divine.

Mantenere l'attitudine del principiante

Figli, conservate l'attitudine del principiante, che consiste nell'avere umiltà, una fede ottimistica ed entusiasmo. Affinché sia possibile, avete bisogno di un cuore aperto che accolga tutto ciò che è buono, qualunque sia la sua provenienza. Se riuscirete a farlo, l'umiltà, la fede ottimistica e l'entusiasmo si risveglieranno automaticamente in voi.

Sarete allora capaci di apprendere da ogni vostra esperienza e saprete inoltre reagire in modo adeguato in ogni circostanza. Per contro, se il cuore è chiuso, non soltanto sarete schiavi del vostro ego e della vostra ostinazione, ma commetterete anche molti errori e perderete la capacità di accogliere ciò che è buono per voi. Tale attitudine porta all'autodistruzione.

Durante la guerra del Mahabharata, Arjuna e Karna si trovarono faccia a faccia in battaglia. Il Signore Krishna guidava il carro di Arjuna e Salya quello di Karna. Arjuna e Karna si scagliarono reciprocamente una pioggia di frecce. Con l'intenzione di ucciderlo, Karna si accinse a scoccare una freccia diretta alla testa di Arjuna.

Nel vederlo, Salya disse: "Karna, se vuoi uccidere Arjuna non mirare alla testa, ma al collo".

Con arroganza, Karna rispose: "Una volta che ho preso la mira, non cambio mai la mia decisione. Lancerò questa freccia dritta alla testa di Arjuna!" e Karna scagliò la freccia.

Il Signore Krishna vide la freccia che volava dritta verso la testa di Arjuna e con i Suoi sacri piedi abbassò velocemente il cocchio: le ruote del carro affondarono nel terreno e la freccia che avrebbe dovuto colpire la testa di Arjuna, colpì solo la sua corona. Arjuna era salvo. Poco dopo, Arjuna uccise Karna.

Se Karna avesse obbedito a Salya, avrebbe colpito Arjuna uccidendolo, ma il suo ego non gli permise di accettare il consiglio di Salya e causò la sua rovina. L'atteggiamento che consiste nell'affermare: "Io so tutto" ci impedisce d'imparare.

Quando una tazza è piena fino all'orlo, che cosa possiamo aggiungere? Solo quando un secchio è vuoto potremo riempirlo immergendolo nell'acqua. Se vuole imparare a suonare il flauto, anche il vincitore di un premio Nobel deve avere l'attitudine di un principiante e ritornare ad essere uno studente sotto la guida dell'insegnante.

Avere l'attitudine del principiante è il passaggio obbligato verso un mondo di conoscenza e di evoluzione. È l'atteggiamento che ci fa dire "Non so niente, ti prego, insegnami". In tal modo la grazia si effonderà su di noi da ogni parte, acquisiremo facilmente la conoscenza e riusciremo nella vita.

www.ingramcontent.com/pod-product-compliance
Lightning Source LLC
LaVergne TN
LVHW051734080426
835511LV00018B/3059